经济学名著译丛

Political Arithmetick

政治算术

〔英〕威廉·配第 著
陈冬野 译

Political Arithmetick

商务印书馆
创于1897 The Commercial Press

THE ECONOMIC WRITINGS OF

SIR WILLIAM PETTY

Edited by *C. H. Hull*

Cambridge 1899

根据赫尔编《威廉·配第爵士经济论文集》

1899 年出版译出

关于威廉·配第的《政治算术》

古典政治经济学奠基人威廉·配第，活动于英国资产阶级革命和工场手工业发展时期。工业资本迅速发展的需要，以培根为代表的唯物主义哲学的传播，使配第逐渐摆脱重商主义的影响，应用研究自然科学的实验方法来研究社会经济问题，不仅把研究对象从流通领域转向生产领域，而且通过对大量统计材料的分析，从经济现象的表面，深入到经济现象的内部，“**研究了资产阶级生产关系的内部联系**。”①配第在研究中，最先提出了劳动决定价值的思想，有了劳动价值论的萌芽，并在这个基础上，作了说明工资、地租、土地价格和利息等的尝试；他实际上提出了关于剩余价值（他把地租看成剩余价值的真正形式）来自工人剩余劳动的思想因素。这些就为古典政治经济学的建立奠定了初步基础。马克思对配第在政治经济学上的贡献给予了高度评价，并认为配第所创立的“政治算术”是“**政治经济学作为一门独立科学分离出来的最初形式**。”②

这本《政治算术》，就是威廉·配第独创地应用算术方法来

---

① 《马克思恩格斯全集》第23卷，第98页。

② 马克思：《政治经济学批判》，人民出版社1976年版，第37—38页。

研究社会经济问题的典型著作。他在本书中，列举数字，论证英、法、荷三国的经济力量，试图探讨存在于当时这三个国家的经济现象中的共同规律。

但是，本书的写作，也像配第的其他经济著作一样，动机在于为当时的统治阶级出谋划策。它是在1671年至1676年之间写成的。在这时期，在国外贸易的刺激下，英国的工业资本开始有了长足的发展，手工工场日益普遍，羊毛生产蒸蒸日上，其他如造船、造币、玻璃制造、酿酒、炼铁等工业都有所发展。这种情况，要求加速原始资本的积累。积累原始资本，除了加强对国内劳动人民的剥削之外，就是加紧掠夺殖民地和争夺国外市场。然而，当时英国的力量仍落在荷兰和法国之后，特别是国外市场和殖民地都在荷、法两国控制之下。因此，如何打垮荷、法两国的优势，争夺国外市场及殖民地，就成为英国资产阶级政府的当务之急。

在这种要求的推动之下，英国首先和荷兰展开了激烈的竞争。我们知道，荷兰在经过1609年至1656年的第一次资产阶级革命之后，生产迅猛发展，海外贸易甚为繁荣，航海业十分发达。当时荷兰商船遍航世界各地。它所有的商船吨数占全欧洲商船总吨数的四分之三，其造船业则居世界首位。荷兰不单垄断非洲、印度尼西亚、美洲等殖民地的贸易，而且还控制了北海和波罗的海等殖民地的贸易。在这个时期出入波罗的海的船只有70%属荷兰所有。针对这种情况，英国政府曾多次（1651年、1660年，1663年及1677年前后四次）加强航海条例，规定进口商品必须由英国船只装运，他国与英国殖民地通商，事先须经英国政府批准，英国的美洲殖民地与欧洲各国交易的货物必须在英国转口，以限制荷兰商船的营业，打击荷兰。这种经济上的竞争，终于引起了三次英荷战争。（第一次英荷战争从 1651 年开始到 1654 年结束，第二次英荷战争从 1664 年开始到 1667 年结束，第三次英荷战争于 1672 年开始到 1674 年结束。）配第写作《政治算术》的时间，正值第三次英荷战争时期。

在这时期，法国在路易十四亲政之下，施行重商主义的经济政策，大力发展工业，建立商船队，纷纷创设海外贸易公司，以加强对外贸易和对殖民地的掠夺。当时如加拿大、美洲的路易斯安那、西印度群岛均沦入法国之手，他如锡兰、印度、马达加斯加等许多地方也都为法国所囊括。在这种对外掠夺中，法国的侵略矛头首先针对荷兰，在经过两次对荷战争（第一次在 1667 年至 1668 年，这时作战对象为西班牙和荷兰，第二次在 1672 年至 1678 年）之后，法国掠取荷兰的一些领土，取得了对荷兰的优势。接着，它又转向英国。英、荷两国为了对付法国，乃和瑞典联合，结成三国同盟。但是，由于英国的查理二世和法国的路易十四勾结（他们二人为表兄弟，前者又依靠后者的财政援助），三国同盟终于破裂。（第三次英荷战争就是由于英、法两国勾结而引起的。）这时英国资产阶级反对王权的斗争有增无已，英国政府在国内动乱和对外战争的双重压力之下，财政困难日趋严重，不得不和荷兰妥协，而结束了第三次英荷战争。法国乃取荷兰而代之，它从英国的盟国变成了英国的主要敌国。

在面临上述荷兰和法国的威胁和国内资产阶级议会反对王权的斗争日趋尖锐的压力之下，英国政府为了应付财政困难，除了出卖国王的领地外，又增收租税。这种情况，加上内战的破坏和频年歉收，造成全国生产衰退，地租下降，金银缺乏，失业问题日益严重。正如配第指出的："由于土地地租普遍下降，加上其他许多原因，整个王国日趋贫困；在整个王国中，以前黄金很多，但是现在，金、银都甚为缺乏；人民找不到可就的行业和职业，……赋税项目繁多而且税率沉重，……产业景况普遍可悲地衰退了。"(本书第 4—5 页)他又指出："在海军力量的竞赛方面，荷兰人正紧紧地在追赶我们，而法国人则正要迅速超过英、荷两国，看来他们既富有又强盛。"(本书第 5 页)因此，他认为，"英国的教会和国家正面临着和产业所面临的相同的危险。"(本书第 5 页)可见，不论在国内或国外，英国的统治者处境都日益困难。因此，他们普遍产生悲观情绪，彷徨无已。

但是，上面说过，随着生产的日益发展，争夺国外市场及殖民地，已成为英国统治阶级追求的主要目标，英国资产阶级政府的当务之急，就在于如何打垮荷、法两国的优势，以达到这个目的。因此，尽管他们处境困难，产生悲观情绪，他们的切身利益却迫使他们去清除这种悲观思想的阻力，以利于对外行动。作为资产阶级策士的配第，适应资产阶级的这种需要，乃写了这本《政治算术》，为英国资产阶级打气。他鼓吹："英国的事业和各种问题，并非处于可悲的状态。"(本书第 7 页)他号召英国的朝野人士(资产阶级)："次于对共同事业处于怎样的状况有真实的了解的事情，就是在任何可疑的情况下，都应往其最好的方面设想。……如果没有有力而又明确的根据，绝不轻易绝望。"(本书第 4 页)在本书中，配第应用算术方法，列举英、荷、法三国的经济数字，论证荷兰、法国不如英国之处，指出："对英国国王的臣民说来，掌握整个商业界的世界贸易，不但不是不可能的，而且是完全可以做到的事情。"（本书第98页）他鼓吹英国取荷、法两国而代之。本着他在其代表著作《赋税论》中所提出的主张，他对原始资本积累的各种手段（殖民地制度、国外贸易等）作了进一步论述，鼓励英国资产阶级努力发展本国产业，争夺国外市场，获取财富（金、银、珠宝），以扩大英国的统治基础。正如马克思指出的：**"当荷兰作为一个贸易国家还占着优势地位，而法国似乎要变成一个称霸于世的贸易强国的时候，他在《政治算术》的一章中就证明英国负有征服世界市场的使命。"**①

在本书中，配第除了为英国资产阶级筹划如何对外争夺之外，还就如何掠夺殖民地人民向英国资产阶级献策。我们知道，当时爱尔兰和苏格兰是最早遭到英国统治阶级掠夺的殖民地，两国人民曾经不断地掀起反对英格兰殖民者的斗争。因此，英国的统治阶级自16世纪以来，就一直主张采取种族渗透和劫持的方法，来维持在这两个国家的统治。配第在《赋税论》中，对英国统治阶级的这种主张表示过赞同的意见，并为这种主张提出了具体的实施方案。在本书中，配第仍坚持这种主张，认为："把爱尔兰和苏格兰高原地区的一切动产和居民迁移到大不列颠帝国的其他地方去"，"这样做，国王和他的臣民，不论在进攻还是防守方面，都将比现在更加富强。"（本书第61页）不仅如此，他在本书中，仍主张用军队来镇压爱尔兰人民，而且要爱尔兰人民

① 《政治经济学批判》，人民出版社1976年版，第37页。

负担镇压他们的英国占领军的经费。他指出:“即使要付出爱尔兰王国的所有租金的四分之一的代价,也必须在爱尔兰派驻一批军队。”(本书第 82 页)

当时,贩运黑奴是英国殖民地贸易的主要内容之一,英国殖民者从这种血腥买卖中掠得了巨额的利润。在本书中,配第也鼓吹这种可耻的血腥贸易,宣称:“把黑人(他们劳动量大,消费水平极低)运到美洲殖民地这件事,并不是不足取的。”(本书第 86 页)

不过,在本书中,配第在向资产阶级献策的同时,也提出了一些重要的经济原理,这些经济原理,在当时说来都是创见。

如上所述,配第在本书中,应用算术方法来分析社会经济问题,这就是实验哲学在社会科学方面的应用。它的根本精神,就是重实证,反对主观想象。配第指出:“和只使用比较级或最高级的词汇以及单纯作思维的论证相反,我却采用了这样的方法,(作为我很久以来就想建立的政治算术的一个范例,)即用数字、重量和尺度的词汇来表达我自己想说的问题,只进行能诉诸人们的感官的论证和考察在性质上有可见的根据的原因。”(本书第 8 页)他认为,不能诉诸人们感官,在性质上没有可见的根据的东西,是不能触摸的,当然无法加以论证,而在经济现象中,能够加以论证的东西,也就是那些能够用数字、重量和尺度加以计算和衡量的客观的经济事实。在他看来,凡是能够用重量和尺度加以衡量的东西,也就是实在的东西;因此,经过数字、重量和尺度计算及衡量的经济现象,也就是经过了实验论证。他指出:“用数字、重量和尺度(它们构成我下面立论的基础)来表示的展望和论旨，都是真实的，即使不真实，也不会有明显的错误。”（本书第8页）就这样，他为不能像自然现象那样通过实验方法加以证明的社会经济现象，创立了检证的方法。这种政治算术的方法，配第在《赋税论》和《献给英明人士》两书中就已展开说明，在本书中，配第更加有系统地、前后一贯地运用这种方法，使这种方法得到进一步的系统化和发展。

例如：在本书中，配第运用各种数字来比较英、荷、法三个国家的国力。他首先根据实际数字进行比较，接着，他又运用推算方法，根据实际数字，推算出另一种数字。他依据一定年数乘年租额推论出地价，从房租推论出房屋价值，由工资推算出人口价值，又依据人口数目和盈余收益推论出国家的财富。最后，他又在数量的对比中，推论出各种不同物品之间的共同性，从而发现财富的真实基础。他从一蒲式耳小麦和一盎司白银的对比中，推理出小麦和白银有着共同的地方，从而得出劳动是“一切价值相等和权衡比较的基础”的结论，正如马克思指出的：“**他不是把一连串比较级和最高级词汇同空论拼凑在一起，而是立志要用 terms of number, weight or measure〔数字、重量和尺度〕来说话，只利用从感观的经验中得出的论据，只研究 as have visible foundations in nature〔在自然界中具有可见的根据的原因〕**。”①通过政治算术方法的运用，配第在研究资产阶级生产关系的内部联系时，发现了“在性质上有可见根据的原因”（即客观存在的真实基础），使他在劳动价值学说和剩余价值学说方面能提出一

① 《政治经济学批判》，人民出版社1976年版，第37页。

些包含有重要科学因素的思想。所以，马克思又誉他是“**政治经济学之父，在某种程度上也可以说是统计学的创始人**”。[①]

在《赋税论》中，配第指出，劳动是财富的来源。在本书中，他又根据一个人是不是生产财富来确定一个人在社会中的地位。例如，他在比较农民、海员、士兵、工匠、商人和官吏、牧师等不同职业的人对社会的作用之后，提出：“农民、海员、士兵、工匠和商人，在任何国家都是社会的真正支柱。”（本书第 15 页）当然，他把海员、士兵和农民、工人都同样看成是财富的生产者，是错误的。但是，他把官吏和牧师同农民和工人区别开来，认为农民和工人是生产者，而官吏和牧师则是不生产的，却是正确的。

在《赋税论》中，他实际上涉及上层建筑和经济基础关系中的一些问题，在本书中，他进一步对这种观点作了说明。同时，他仍本着“土地为财富之母，劳动为财富之父”的见解，把土地和人口看成是构成社会经济生活的首要因素，并对这两者的经济价值作了明确的规定。

关于人口的价值，他这样指出：“假定英格兰全部人口为 600 万人，每人开支为 7 镑，总共为 4 200 万镑；同时又假定土地的地租为 800 万镑，所有动产的收益每年在 800 万镑以上。这么一来，其余的 2 600 万镑，就要靠人民的劳动来提供。这 2 600 万镑乘以 20（人群也和土地一样，值 20 年的年租），得 5.2 亿万镑，这个数额就是全部人口的价值。再将这个数字用

① 《资本论》第 1 卷，《马克思恩格斯全集》第 23 卷，人民出版社 1972 年版，第 302 页。

600 万来除，得 80 余英镑。这就是每个男、女、儿童的价值，而壮年人的价值等于这个数额的两倍。”（本书第 36 页）因此，他认为，一个国家人口的价值，不在这个国家所有的人口的自然数量（即人口的单纯数目），而在于它的社会数量（即创造财富的能量）。他对人口的估价，都是从它的社会数量出发的。在《赋税论》中，他说：“人口少，才真正贫穷”，就是指人口的社会数量说的。这是我们在提到他的人口论的时候，需要加以注意的。

对于土地，他也抱着相同的看法。他认为，一个国家土地的价值，不取决于土地的面积（即自然数量），而取决于土地所能提供的产物数量（即社会数量）。他指出：“假如有人想知道某块土地价值多少，那么，正确同时是理所当然的问题就必定是，这块土地能养活多少人？”（本书第 62 页）“纵使是 1 英亩土地，如果土质肥沃，它就能够生产出 20 英亩土地所能生产的谷物，可以养活 20 英亩土地所能养活的家畜。”（本书第 10 页）“我认为，能够养活 1 000 人的 1 000 英亩的土地，优于不能生产任何东西的 1 万英亩的土地。”（本书第 19 页）

在比较英、荷、法三国的社会经济条件之后，配第又进而论述这三个国家的各种政策，如赋税制度、银行制度、不动产登记制度、法律措施以及宗教政策等。他认为一个国家的经济条件决定这个国家采取的政策，而这些政策又对这个国家的经济发展发生重大影响。他首先指出：“这种政策是依据上述天然的有利条件而制定的，可不是像少数人所想象的那样，是出自荷兰人的超人智力。”（本书第 27 页）“信教自由、资产转让登记制度的采用、关税税率低、银行、贷款业的经营和创设以及商法的制定，都是和上述各种情况同出一源而同归一海的。”（本书第 28 页）他明确指出：“一个领土小而且人口少的小国，由于它的位置、产业和政策优越，在财富和力量方面，可以同人口远为众多、领土远为辽阔的国家相抗衡。”（本书第 10 页。政策二字下面的黑点为作者所加。）

在《赋税论》中，配第提出了劳动创造价值，商品的价值量依存于劳动生产率的见解。在本书中，他进一步提出了分工会提高劳动生产率并使产品成本降低的原理。他说：“譬如织布，一人梳清，一人纺纱，另一人织造，又一人拉引，再一人整理，最后又一人将其压平包装，这样分工生产，和只是单独一个人笨拙地担负上述全部操作比起来，所花的成本一定较低。”（本书第 26 页）

在《赋税论》中，配第把地租（剩余价值）看成是农产品价值扣除生产费用（种子和工资）以后的余额，实际上把劳动日划分为必要部分和剩余部分。在本书中，他又进而论述了工资和地租在数量上的对立关系。他说：“假如农民的工资上涨八分之一，即每日由 8 便士涨到 9 便士的话，这时，在 1 蒲式耳小麦的价格中，农民所分到的份额，就由 40 便士增加到 45 便士。其结果，土地的地租，就要由 20 便士降为 15 便士。”（本书第 37 页）于是，他得出结论：“随着各种产业和新奇技艺的增加，农业便趋向衰落，不然的话，农民的工资就要上涨，其结果土地地租一定要下跌。”（本书第 37 页）后来，李嘉图在《政治经济学及赋税原理》一书中讨论资本主义社会的分配时，对工资与利润的关系所作的论述，实际上是对配第在本书中提出的工资上涨、地租就会下降的原理的发展。

在《赋税论》中，配第曾暗示金银是谷物的等价物，并对货币所以能够成为价值尺度的道理作了阐述。在本书中，他更进一步指出："金、银、珠宝不易腐朽，也不像其他物品那样容易变质，它们在任何时候、任何地方都是财富。然而酒品、谷物、鸟肉、兽肉之类的东西尽管很多，它们却只是一时一地的财富。"（本书第25页）认为货币就是一般的财富。虽然，他把金、银看成就是一般的财富，在一定程度上是由于受到重商主义重视金银甚于一般商品的影响，但是，他在把金、银看成是一般商品的基础上，把金银规定为一般的财富，无异阐明了金银被固定作货币的道理。

在《赋税论》中，他谈到剩余价值的另一形式——利息，他把利息看成是资本的收入。在本书中，他又进一步指出，利率的高低，是不能由法律加以规定的，它有其客观的物质基础。他说："利息的降低却不是任何为这个目的而制定的法律所造成的，现在只要有有力的担保，便能借到利息更低的贷款，因为利息的自然降低是由于货币增加的结果。"（本书第87—88页）他在这里所说的货币，自然是指借贷资本。因此，他明确指出了利率的涨落与借贷资本的供应量成反比例的关系，从而接触到了借贷资本的运动规律。

由上述可见，配第在《赋税论》中所阐明的许多重要经济思想，在本书中都得到进一步的发展，并通过政治算术方法得到验证。这些理论的科学真理成份，最先为亚当·斯密和李嘉图所继承和发展，成为古典政治经济学的核心内容。后来，马克思、恩格斯又在全面批判资产阶级政治经济学的基础上，加以革命的变革，创建了无产阶级对资产阶级进行斗争的强大思想武器——马克思主义政治经济学。现在我们重新翻开这部古典政治经济学名著，看看配第如何通过政治算术的方法，透过资本主义经济的表面现象，探索并发现它（资本主义经济的表面现象）赖以建立的客观的真实经济基础——资本主义生产的实质，对深入理解马克思的经济学说有帮助。

1960年，译者曾根据日本岩波书店1955年出版的日译本将本书译成中文，由商务印书馆出版，现据英国剑桥大学1899年版本重译，供读者参阅。

译 者

目　　录

呈辞…………………………………………………………… 1
政治算术
原序…………………………………………………………… 4
本论文的主要结论[①](目次)
第一章　一个领土小而且人口少的小国,由于它的位置、产业和政策优越,在财富和力量方面,可以同人口远为众多、领土远为辽阔的国家相抗衡。在这方面,特别是航海和水运的便利起着最显著而又最根本的作用。 ……………………………… 10
第二章　某些赋税和义捐,会使王国的财富增加而不是减少。 …………………………………………… 38

---

① 本书完卷之后,配第曾请人手抄数份,赠送友人和有关人士。这些手抄本,有的曾由配第作了修改,各本内容多少有些出入,它们分别由苏斯威尔(Robert Southwell)、罗林森(Rawlinson)等人保存。脚注中的S本就是指苏斯威尔保存的手抄本,R本就是指罗林森保存的手抄本。此外,还有一种盗印本,脚注中的G本就是指这种盗印本。——译者

S本(苏斯威尔手抄本,下同)没有"主要结论"表(目次)。R本(罗林森手抄本,下同)有。——赫尔(C. H. Hull)

第三章 法国，由于天然而永久的障碍，不论现在或将来都无法在海洋力量方面超过英国人或荷兰人。 …… 51
第四章 英国国王所有的人口和领土对财富和力量所具有的重要意义，就天然情况而论，同法国所有的人口和领土大体[①]相同。 …… 60
第五章 阻止英国强大的各种障碍，只是暂时的和能够消除的。 …… 78
第六章 英国的权力和财富，在最近 40 年中有所增长。 …… 85
第七章 以英国国王的臣民全部开支的十分之一，——如果这一部分能经常征收到手的话，——足可维持十万[②]名步兵、三万[③]名骑兵和四万名水兵，以及支付政府其他一切日常和临时的开支。 …… 89
第八章 在英国国王的臣民中间，存在着足够的游闲人手，他们每年可以比现在多赚 200 万镑的收入，并且存在着足可为实现这一目的所需要的现成的、合适的职业。 …… 91
第九章 我国拥有经营本国产业的足够资金。 …… 95
第十章 英国国王的臣民有充裕而方便的资本经营整个商业世界的贸易。 …… 97
后记 …… 陈白湜 101

① R 本没有“大体”两字。——赫尔
② 第七章标题作“一万”，应按十万订正，参看本书第 89 页。——译者
③ 第七章标题和正文都作“四万”，四万正确，参看本书第 89 页。——译者

呈　辞

呈无上英明的国王陛下①

陛下：

际兹每个人都在筹划向您恭献某种适宜于庆贺陛下荣登万福的王位的贺礼之时，我也不揣冒昧，将先父很久以前所写的旨在说明英国王朝的力量和威势的一本书，奉献给您。

这本书，先父题名为《政治算术》②因为，凡关于统治的事

---

① 在R本和S本中，有下引的原作者致查理二世的献辞（下引的献辞根据S本）。——赫尔

"呈无上英明的国王陛下

愿我的话能够符合陛下的心意。

由于敢任意全部否定算术这一门学科的人，是极少数的，所以，认为算术应用到收入事项以外的国家事务极为必要的人，也是极少数的。因此，为了一些正在努力使自己成为陛下的合格的仆人的年轻贵族们起见，我敢于在本篇论文所述的十点政治性的结论中，指出常见而平易的计算的效用。这里，我衷心希望陛下能饶恕我将庸俗的技艺运用到具有崇高性质的各种问题和我自己的职业和能力所不能接触到的各种问题上面。但是，由于任何不拔、高超的事理，都必定有其浅薄、平凡的来源，所以我衷心希望，我做这件事情，绝不是狂妄非分，同时，也不至于受到陛下叱责。因为这种努力是正当的……"——原文到这里为止。——译者

② 配第似乎是这一句有名术语的发明人。这句术语出现在配第所著《论二重比》一文（1674年）前面致新城公爵（Duke of Newcastle）一封书信的一段文字中。因为它反映了配第本人对他的新科学的看法，所以引述如下。——赫尔。

项，以及同君主的荣耀、人民的幸福和繁盛有极大关系的事项，都可以用算术的一般法则加以论证。所有的人都把先父看作这一启示方法的发明人①。这种方法，就是用一种极普通的科学原理来说明世界中混乱而错综的情况。如果不是这部论文所述的学理引起了法国人不满的话，它们早就在很久以前就公诸社会，并获得追随者了，同时它们也许不必等到今天，早就被人们利用于增进人类的福利了。

出版本书的目的，是在于增进陛下治世的福祉和满足学者对它所抱的期望；同时也在于纪念仁慈的先父和向伟大的君王

"我的奥格耳爵士（Lord Ogle）现在正深切注意教育他的儿子，要将他的儿子培养成杰出的人物。由于想向爵士致意和表明我对爵士历来努力的谢意，我拜访了爵士，不单教公子一些数学上的知识，而且也教以各种各样的事物、材料以及现象，使他把数学运用到这些东西上面。因为线和数字离开了事物、材料和现象，就如同琵琶没有弦或者没有弹者一样。因为，爵士哟！在世界上尚有值得进一步加以提倡的政治算术和几何学正义（Geometrical Justice）。世上的错误和缺陷，即使能通过机智、修辞和利害关系使其减轻，但绝不能因此就获得医治，原因是：医治人世的虚妄、失调及矛盾，绝不是靠罗列修饰得极好的、押了韵的美丽词句，并借助于最美妙的风琴有节奏、有抑扬的伴奏的冗长的说教所能做到的。至于满篇自我吹嘘、听来很悦耳而且在形式上修饰得很动听的一派胡言，就更不会起什么作用。这种情况，和将白兰地酒或蜂蜜掺进质量低劣的葡萄酒中去，不会提高酒的质量，或者把大量胡椒或砂糖倒入烧坏的菜肴中，不会改变菜肴的味道的情况没有二致，因为事物是不愿意让人弄坏的（nam res nolunt male administrari）。"（配第所著《论二重比》前面致新城公爵的信）。这被看作第一次使用"Political Arithmetik"（政治算术）这句术语的例子。（鲍尔[S. Bauer]：《政治算术史》，见帕尔格雷夫[Palgrave]的《政治经济学辞典》第 1 卷，第 56 页。）但是，配第想出这句术语，比这更早。他在给安格烈沙爵士（Lord Anglesea）的信中（1672 年 12 月 17 日），就用了这句术语。（菲茨莫利斯[E. Fitzmaurice]：《威廉・配第传》，第 158 页。）同时，在本书的序言中他把本书称作"我很久以来就想建立的政治算术的一个范例"。——赫尔

① 参看 C. 达芬南（C. Davenant）《政治和商业论文集》第 1 卷，第 128 页。——赫尔

致礼；此外还在于表达我对伟大的君王所抱的热诚与敬意，这应是陛下所抱的最高宿愿。

陛下的无比忠诚而又无比恭顺的臣民

谢耳本①

① 谢耳本(Shelburne)是配第的长子，名叫查理(Charles Petty)，生于1673年，1696年逝世。1688年被叙为谢耳本男爵(Baron of Shelburne)，成为爱尔兰的贵族。——赫尔

原　序

人们当自己时运不佳、或对自己的事业感到悲观失望时，可不是像某些人所想的那样，努力于抗拒自己所面临的灾难，相反，他们却放弃一切努力，消沉颓丧下去，甚至连可能挽救自己的办法也不去考虑或采取。考虑及此，作为国家社会的一个成员，我认为次于对共同事业处于怎样的状况有真实的了解的事情，就是在任何可疑的情况下，都应往其最好的方面设想。因此，对于有可能使我对公共福利所抱的希望减少的一切因素，我都将细心地加以考察，如果没有有力而又明确的根据，绝不轻易绝望。

因此，我认为考察一下下述的各个信念是适宜的。以我个人所见，这些信念非常广泛地流行于世间①，对一部分人的心灵发生极大的影响，并且贻害千千万万的人。

许多人对英国的福利所抱的不安

他们认为：由于土地地租普遍下降，加上其他许多原因，整

① 关于查理二世时代英国产业衰退的看法，参看罗雪尔（W. Roscher）：《16 与 17 世纪英国国民经济学史》，第 74 页，以及蔡尔德（J. Child，1630—1699）的《贸易新论》（*New Discourse of Trade*）的序文中所列关于"贸易的损失"的令人震惊的统计表。该书虽然出版于 1693 年，但它是 1669 年以前写的，故无疑反映了当时的舆论。——赫尔

个王国日趋贫困①；在整个王国中，以前黄金很多，但是现在，金、银都甚为缺乏；人民找不到可就的行业和职业；同时土地上的居民很少，赋税项目繁多而且税率沉重；爱尔兰和美洲殖民地及王国新增加的其他领土，成为英国的沉重负担；苏格兰一无好处；产业景况普遍可悲地衰退了；在海军力量的竞赛方面，荷兰人正紧紧地在追赶我们，而法国人则正要迅速超过英、荷两国，看来他们既富有又强盛；法国人之所以不侵吞邻国，仅仅是由于他们宽大；最后，英国的教会和国家正面临着和产业所面临的相同的危险。此外，还有许多可怕的联想，不过我不想重述这些联想，相反，我倒要把它们掩藏起来②。

---

① 关于地租是繁荣的指标这一点，参看下列两书：W. 肯宁汉：《近代英国工商业的发展》第 2 卷，第 191 页，柏登(Patten)：《李嘉图释义》，见《经济学》杂志(季刊)第 7 期，第 324 页。——赫尔

② 配第的这一整段话，正如它的末尾一句所指出的，几乎概括了 1671 年伦敦出版的罗吉尔·科克(Roger Coke)所写的《论英国的国家和教会都同它的贸易一样处于险境》一书第一篇论文的要点。本书包括两篇论文，页码和折页码都是连续的，第 91 页有下列的标题：《荷兰贸易增长的原因，荷兰贸易的增长可以由导致荷兰人比英国人更善于经营管理贸易的原因得到论证；由于这些原因，荷兰人的贸易的改善大大超过英国人》。在第二篇论文中，科克说，向美洲殖民地的移民，使英国的贵重的产业衰退了。英国在取得各殖民地以前，由于缺乏人手从事这些行业，在毛织业方面每年损失了 48 万镑；在渔业方面损失了 137.2 万镑。他又说，“由于大力鼓励本应用来保卫英国既有产业的所有青年和劳动力，踊跃投入殖民地的产业，现在我们的这种缺口更加扩大。”(同书第 16 页)爱尔兰也由于同样的原因，变得对英国不利。(同书第 19—20 页)在海外贸易方面，荷兰人售出的商品比英国人多，价格也比较便宜，他们所得到的利益也比英国人大得多，因此，他们现在已经有了飞跃的发展，在航海方面已经成为一个十分巨大的力量，以致世界上有哪一个国家能够控制荷兰，是个疑问。(同书第 128—129 页)奇怪的是，科克几乎没有提到考尔伯(J. B. Colbert，1619—1683)统治下，法国的竞争。列托兰治爵士(Sir Roger L'Estrange，1616—1704)所著《论渔业》(1674 年)一书说：荷兰人和其他国家的人民在陛下的领海中打捕的鳕鱼、青鱼、鲮鱼的价值，各年平均不下一千万镑。“这个估计，曾被多次公布，并被承认为没有问题可以通用的。”(《有关青鱼捕捞业的一些很有价值的论文》，伦敦 1751 年版，第 45 页。)此外参看本书第 22 页注②。——赫尔

英国的切实弊害、英国的改进[①]

下述的情况，无疑是真实的。这就是：最近用在外国商品上面的开支，为额甚巨；我国的许多银器如果不制成银器而铸成货币，将对产业发挥更大的效用；本来只应该依据自然规律、传统习惯和一般人的支持来办的许多事情，也受到法律的限制；最近的内战和瘟疫所造成的人命的伤亡和破坏极为惨重；伦敦大火及恰丹姆的灾难[②]在世人中间产生了对我们国家有害的想法；新教徒[③]增加了；爱尔兰人对于他们沦为的殖民地的处境已经感到不能忍受；居住在爱尔兰的英格兰人感到自己是异国人而不得不去寻求和外国人做些买卖——而这些买卖他们原来满可以和住在英格兰的同他们有利害关系的人进行的。但是，尽管有这些情况（同时，同它们相类似的情况，经常到处都有），另一方面却另有一些情况：这就是，伦敦的建筑较前宏大而且显得华丽了；美洲殖民地已经拥有四百艘船只；东印度公司的业务几乎等于原有资本的二倍；凡是能够提供可靠抵押品的人都能够以法定利息借到款项；建筑材料（甚至连槲木）几乎没有涨价；有的

① 原文这两个小标题分开，兹为阅读方便，合并为一个标题，后面也有这种情况，不另指明。——译者

② 指 1667 年 6 月 10 日荷兰舰队开进泰晤士河，炮击恰丹姆，烧毁了停泊在恰丹姆的英国船只的事件。（马汉〔Mahan〕：《海上强国的威力》，第 132 页——赫尔）据说，这个事件是由于整个英格兰舰队因军费困难陷于完全瘫痪状态而引起的（克拉克〔G. N. Clark〕：《斯图亚特王朝后期》，第 65 页）。——赫尔

③ 配第所指新教徒大概包括罗马天主教徒在内。在他的《进一步考察》一文中，将新教徒列入异端分子之列。——赫尔

东西还落价，这对伦敦的重建有利①；交易所中和原来一样，商人拥挤不堪；街道上的叫化子和因盗窃等罪名而被判处徒刑的人，并没有比以前增多；大马车的数量与其装饰的华丽，都非从前所能相比；公共剧场甚为华丽；国王的海军和卫队比历次灾难以前都更加强大；牧师富有，大教堂正在修复中；由于人们反对目的在于使食物价格降低而从爱尔兰进口家畜的措施，许多土地都经过了改良，食物价格甚为相宜。简单地说，只要人们肯付出适宜程度的劳力，没有一个人会感到生活困难。虽然有一些人比别人贫困，但这不是现在才开始有的，以后永远会是这样。当然还有很多人生性爱发牢骚，嫉妒心重，但是这种毛病是自古以来就有的。

上述这些一般性的观察和世人仍然和往常一样在吃、喝、欢笑的情况，鼓舞着我试图，如果可能的话，去安慰其他的人，让他们知道，英国的事业和各种问题，并非处于可悲的状态，因为目前的情况已经使我感到满意。

作者立论的方法和态度

我进行这项工作所使用的方法，在目前还不是常见的。因为和只使用比较级或最高级的词语以及单纯作思维的论证相

① 科克承认，由于英国的木材质量良好，经久耐用，抵消了荷兰人一向享有的利益——即他们造船费只需英国造价的半数。但是，他认为英国所有最优等的木材，终于全部被浪费和耗尽在伦敦的重建上面，而且在这项重建中将会耗费更多这种木材。因此，科克不能理解：将来英国人建造质量相同的船只，怎么能不比荷兰人、丹麦人或法国人贵三倍(科克：《第二篇论文》，第 115 页)。——赫尔

反，我却采用了这样的方法，（作为我很久以来就想建立的政治算术的一个范例，）即用数字、重量和尺度的词汇来表达我自己想说的问题，只进行能诉诸人们的感官的论证和考察在性质上有可见的根据的原因。至于那些以某些人的容易变动的思想、意见、胃口和情绪为依据的原因，则留待别人去研究。这里我敢明白地说，老实说，以这些因素（容易变动的思想等）为依据（即使这些因素可以叫做依据）的原因是不可能谈得透彻的。这种情况无异于掷骰子不能预言会掷出什么点，也无异于：即使运用迄今所发现的有关投射线和反射线或投射角和反光角的最精密的知识，（如果不经过长期练习，）也无法打会网球、台球和滚球。

我①的论旨和推论的性质

用数字、重量和尺度（它们构成我下面立论的基础）来表示的展望和论旨，都是真实的，即使不真实，也不会有明显的错误。即使这些展望和论旨本来不是真实的、可靠的和明显的，但是如果运用国家的权力，也就能够使它们变成真实、可靠和明显。“因为，能够证明为确实的东西，也就是确实的。”（nam id certum est quod certum reddi potest）而且即使这些展望和论旨是错误的，那也不会错误到以它们为依据而进行的论证因此而受到破坏的程度；不管它们怎样错误，最低限度它们足可使我进行推论，借以指出如何得到我所追求的那种知识②。我现在只打算

① 原文用第三人称，这里照中国习惯改译为第一人称。——译者

② “that knowledge”。在S本中，配第将“the knowledge”改为“that knowledge”。——赫尔

详细叙述十点主要的结论。如果将来这十点结论被认为很重要，并值得进一步加以充分讨论的话，我希望所有善于思考同时又公平坦率的人士，能够纠正这些论旨中(这些推理是以这些推理为依据的)可能出现的错误、缺点及不完善之处。除此之外，我认为由政府来阐明靠私人努力所不能弄清楚的这些问题的真实情况，不会是不适当的。

第 一 章

一个领土小而且人口少的小国，由于它的位置、产业和政策优越，在财富和力量方面，可以同人口远为众多、领土远为辽阔的国家相抗衡。在这方面，特别是航海和水运的便利起着最显著而又最根本的作用。①

第一点主要的结论，因为很长，我把它分为三部分加以考察。第一部分就是：小国同时人口又少，但在财富和力量方面可以同人口远为众多、领土远为辽阔的国家相抗衡。

一个人，如果技艺高超，可以和许多人相抗衡；一英亩土地，如果加以改良，可以和辽阔的土地相抗衡②

第一点主要结论中的这一部分几乎是不需要证明的。因为，纵使是一英亩土地，如果土质肥沃，它就能够生产出 20 英亩土地所能生产的谷物，可以养活 20 英亩土地所能养活的家畜；有的土地在自然条件上易于防守，100 个人占据了它，就能够抵御 500 个人的侵犯。而且，贫瘠的土地，经过改良，也可以变为肥沃的土地，沼地经过排水也可以成为牧场。长满灌木的荒地（像在弗兰德斯那样）经过加工，可以种植亚麻或三叶草，这样，

---

① 原书目次标题和正文标题在文字上多少有出入，中译加以统一，数字除外。——译者

② 在 S 本及 R 本中都没有这样的标题。——赫尔

它的价值就会增加 100 倍①。同一块土地，如果在上面建筑房屋，则它所提供的地租要比充作牧场多 100 倍。有的人比别人更敏捷、更强壮和更加耐劳。有的人，由于他有技艺，一个人就能够做许多没有本领的人所能做的许多工作。例如，一个人用磨粉机把谷物磨成粉，他所能磨出的分量会等于 20 个人用石臼所能舂碎的分量。一个印刷工人所能印出的册数，会等于 100 个人用手抄写出来的册数。一匹马，如果用以拉车，则所能载运的重量，等于 5 匹马所能驮的重量；用船载运或在冰上拖运，所能运输的重量等于 20 匹马所能驮的重量②。所以我再说一遍，这个一般性论旨的第一点，几乎是不需要证明的。至于这一结论的第二部分，同时又是更加重要的部分，就在于说明上述土地和人口方面的差别，主要是由于这些国家所处的位置、所拥有的产业和所执行的政策造成的。

荷兰、西兰③和法国的比较

为了说明这个问题，我们且拿荷兰、西兰的情况和法兰西王国比较一下。荷兰及西兰的面积不超过 100 万英亩，而法兰西

① 这是配第的朋友哈特里普（Samuel Hartlip，1599—1670）喜欢谈的一种构想，参看本书第 12 页注①。——赫尔

② 《博学的威廉·配第提出的关于陆路运输的试验》的目录，刊载于《伦敦皇家学会会报》第 161 期，1684 年 7 月，第 14 卷，第 666—667 页。如果这些试验都经实际施行的话，就会得到有关牵引动作的材料，这些牵引动作的材料和配第在这里所作的推断相似。——赫尔

③ 西兰（Zealand）和荷兰同为 17 世纪尼德兰联邦共和国的两个岛邦。——译者

王国则超过 8 000 万英亩。

因为很难断定这些地方最初被开发的时候，法国的 1 英亩土地是否比荷兰或是西兰同样面积的土地更为肥沃；同时也很难断定当最初开发的时候，开垦者的人数同土地面积是否形成正比例，因此，两国最初的和原始的差别，只能按两国土地面积的对比来断定。根据这一点看来，如果[①]人口同土地不成正比例的话，那两国之间的差异必然是土地的位置和这些土地上所居住的人民所经营的产业以及他们所执行的政策所造成的。

其次，应该指出，今日荷兰和西兰在富强上并不是只有法国的八十分之一，它们已经进步到相当于法国的三分之一或者三分之一左右的程度。这一点我认为就以下各点加以对比，会明显地表现出来。这就是：

法国的土地与荷兰和西兰土地对比在价值上为 8∶1

法国的财富，据 1647 年发行的一本该王国地图的记载，为 1 500 万镑，其中有 600 万镑为教会所有。我想作者是单指地租而言。一本讨论农业的极为慎重的著作的作者（据推测为理查·惠斯顿爵士[②]）依据推理和实际经验认为，尼德兰的土地，由于种植亚麻、芜菁、三叶草、茜草等作物，每英亩能够轻易地生产价

① S 本为“现在如果……”，“现在”两字为配第所加。——赫尔

② 惠斯顿（Sir Richard Weston，1591—1652）的《论布拉邦特和弗兰德斯所实行的耕作法》（1652 年）和哈特里普的《谈话集》、《论遗产》及《一位绅士留给他的儿子们的关于改良生熟荒地的遗训》（1670 年）。这四本书里互相关联之处甚多。这四本书实际上等于一本书，参看德尔克（H. Dircks）著《哈特里普传》（1865 年），第 62—87 页，书中附有哈特里普的著作目录。——赫尔

值1英镑的产物。这样,根据他的估计,荷兰和西兰的各地区,每年最少可以生产价值1 000万英镑的作物。但是,我不相信实际数字有上述那么大,也不相信关于法国的数字像上述那么小。恰恰相反,我倒认为法国同荷兰和西兰的比例,约为七或八比一。

阿姆斯特丹的建筑物,价值大约等于巴黎的建筑物的一半。法国的房屋的价值大约五倍于荷兰和西兰房屋的价值

阿姆斯特丹的人口为巴黎或伦敦的三分之一,后两个都市,在人口方面——如这两个都市的殡葬和洗礼统计表所指出的——相差不到二十分之一[①]。但是,由于阿姆斯特丹比巴黎有更多的建筑物、运河边道以及桥梁,同时费用也较大,故阿姆斯特丹建筑物的价值足有巴黎建筑物价值的一半。不仅如此,荷兰和西兰最穷苦人民的住屋也要比法国强1倍到2倍。然而,因为后者和前者的人口比例为13∶1,所以两者房屋的价值,应为5∶1。

荷兰的船只等于法国的九倍。荷兰和法国在东印度公司中的比较

欧洲船只约有200万吨。其中,估计英格兰人占55万吨,荷兰人占90万吨,法国人占10万吨,汉堡人、丹麦人、瑞典人和

① 巴黎的殡葬、洗礼统计表是从1670年开始编制的。(参阅格兰特的《对死亡表所作的自然和政治的观察》末尾部分有关这个问题的注释)在1670年至1676年之间,巴黎和伦敦出生人数相差二十分之一以上,两市的殡葬数字,除了1672年之外,每年也相差二十分之一以上。——赫尔

但泽人共占 25 万吨，西班牙人、葡萄牙人和意大利人共占 25 万吨。这样，单就法国的船只和荷兰与西兰的船只而言，约为一与九之比。其价值，如按大小、新旧平均每吨为八①镑计算，则为 80 万镑与 720 万镑之比。在东印度公司中，荷兰人的资本在 300 万镑以上，而法国人则依然是几乎或者完全没有资本。

法国和荷兰的出口贸易为 5∶21

据估计，法国向世界各地输出货物的价值，等于运往英格兰的货物价值的四倍，因此，总共约为 500 万②镑，而荷兰运往英格兰的货物的价值，则为 300 万镑，此外，运往世界各地的货物价值达到这个数目的六倍。

---

① S 本原为“九”，后来配第将其改为“八”。R 本也作“八”。——赫尔

② 这项估计，在本书第 76 页还要讨论，它比本书第 94 页所引福特雷(Samuel Fortrey，1622—1681)关于英国自法国输入的数字要小得多。据有名的《目前英法两国之间所执行的贸易计划》一书(1674 年)所载，英国自法国输入总额为 113.615 万镑，而对法国输出总额则只有 17.1021 万镑。这些数字被转载于森默(Somer)的《短篇集》第 8 卷，第 30—31 页和《议会史》第 4 卷附录。据说，这个估计是当它发表于查理·金(Charles King)主编的《不列颠商人》杂志的时候，由伦敦各种各类的商人遵照同法国缔结商约的委员们的指示，尽可能精确地计算出来的。(见《不列颠商人》第 1 卷，1721 年版，第 181 页。)但同杂志第 2 卷，则称这个数字是引自关税专员唐宁(Sir George Downing，1623? —1684)1675 年 3 月 9 日向枢密院所提出的报告。不管它的真实的来源如何，在配第执笔的当时，这个数字是世所周知的，它和他把进口额估计为“每年不超过 120 万镑”(见本书第 67 页)一事，可能有一些关系。《制图家》杂志认为，《不列颠商人》所载的估计不确实。它说，出口数字是考尔伯将法国关税大大提高以后的 1668 年的数字，而进口数字则是 1674 年的。《制图家》的数字显然是引自达芬南:《给委员会的报告》，1713 年 5 月 26—28 日出版的《制图家》对 1668—1669 年的进出口额作了独自的估计:进口为 54.1584 万镑，出口为 10.8699 万镑。——赫尔

法国的收入。荷兰和西兰的税收

法国国王每年征收的资金，根据 1669 年刊行、又经当局多次重印出版的题为《法国现状》[①]一书（这本书是献给法国国王的）所载，为 8.2 亿法国里弗（Livre），约合 650 万英镑。据该书作者说，上述总额因为滞缴和无力缴纳的缘故而减少了五分之一。所以，我估计，实际征收到的不会超过 500 万镑。但是某些人却认为，法国国王征收了 1 000 万镑，即等于法国资产的五分之一。关于这一点，我想作保守一点的估计：法国用于装备或建设陆军、海军、建筑房屋、娱乐场所各方面——这些东西很有名气，以至于我们大家都知道——的费用，就过去七年中任何一年来说，都不需要 600 万镑。所以，我估计国王不曾征收过超过上述数额的资金。在赋税额最高只有这些数字的情况下，尚有五分之一收不上来，更可以证明这一点。但是荷兰和西兰的税收，就占全联邦总税收额的 67%，而阿姆斯特丹市的税收又占了这

① 《法国现状》包括：王国的勋位、显贵及纹章。原著系法文（尼可拉·贝松涅[Nicolas Besongne]著），1671 年伦敦出版英译本。1669 年出版的英译本一本也找不到。在那一年，由伦诺姆（Jean Rinom）印行了《法兰西国家，我们在那里看到的所有的王子、公爵以及其他贵族》一书。《法国现状》英译本中记载的赋税和捐献共达 555.920 8 万里弗。但是，保罗·黑·查斯特勒（Paul Hay du Chastelet）著的《论法国现状》一书则说："在最近这样的混乱时期，有许多人无力缴纳，那是无可置疑的。根据这一理由可以认为，这个估计不是近年的情况，而是以前的情况。陛下于 1648 年下令豁免了上述各种赋税的五分之一，但是这个命令撤销以后，各种赋税却增加了三分之一以上。"（同书第 457—458 页）《论法国现状》一书于 1672 年在科伦或阿姆斯特丹出版。参看维勒：《假的和虚构的印刷地点》第 2 卷，第 25 页。不过，这本书并不是由当局出版的。——赫尔

67中的27。如果阿姆斯特丹税收每天为4 000弗兰德斯镑，即一年税收约为[1] 140万弗兰德斯镑（合80万英镑）的话，那么合计起来，荷兰和西兰每年税收就达210万镑。为什么我对荷兰和西兰的税收额作这样的估计呢？理由是这样的：

1.《尼德兰状况[2]》一书的作者这样估计。

2.阿姆斯特丹对食品所课征的国内消费税，据估计，大约超过这些食品原有价值的50%，即：谷粉每蒲式耳征税20斯太弗[3]，或每拉斯特征63盾；啤酒每桶征收113斯太弗；房屋征收租金的六分之一；水果征收售价的八分之一，其他货品则分别征收其价格的七分之一、八分之一、九分之一、十二分之一不等；盐的税率没有规定；所有可以衡量的货物，除上述捐税之外，都要缴纳巨额款项。假定阿姆斯特丹居民的开支，除去国内消费税不计在内，平均每人每年为8镑（英国为7镑），如果每人因缴纳上述各种捐税而多开支5镑，那么，阿姆斯特丹——因为有16万人口——每年就要缴纳国内消费税及其他捐税达80万镑。

3.假如每人每年开支达13镑，那么，在阿姆斯特丹几乎没有人收入不超过这个开支数额，这是人所共知的。

4.如果荷兰和西兰每年税收为210万镑的话，那么全联邦

① 在S本中，配第加"约为"二字，R本则为"每年约146万弗兰德斯镑，或80万英镑以上"。——赫尔

② "据例行发表的数字，各州对战费的负担，荷兰负担了57%，仅阿姆斯特丹一市在这57中就负担了27。由此可以推算出这个都市究有多少财富。它的收入每天超过4 000镑。"（威廉·阿尔比贡[William Albigony]编，《联合邦现状》，1671年伦敦第二版，第360页。）——赫尔

③ Stiver，荷兰旧货币的小单位。——译者

税收总额就为 300 万镑。如果每年税收达不到这个数目，恐怕就不够应付同英国进行海上战争和维持 7.2 万名陆军以及支付政府的其他一切日常开支（其中教会经费也占一部分）的需要。综合上述各点，可以得出这样的结论，即法国所征收的公共经费，不会超过荷兰和西兰的三倍。

荷兰和法国利息的差异

5. 在法国，贷款的利息，每百镑为 7 镑，而荷兰至多只有它的一半。

6. 荷兰和西兰的各地区，犹如被海水、船只和沼泽捍卫着的岛屿，所以它的防御经费只需要平坦而开放的地区的四分之一就够了。而且，在这些地区，不论冬季夏季都可以进行战争这种危险的把戏，而其他地方，除了夏天外，几乎①不能进行战争。

法国和荷兰盈余收益的差异

7. 除了上面所考虑的各点之外，盈余收益也值得最先考虑。因为一个国王不管有多么众多的臣民，国土多么肥沃，如果他懒惰或穷奢极欲，或者压制人民和胡作非为，从而收益一进来就马上花光的话，其国必定贫穷。因此，应该研究，现在的荷兰和西兰比 100 年前究竟好到什么程度，或者好了多少倍。对法国，我们也需要这样做。如果法国的财富和力量仅增加一倍，而荷兰

① 在 S 本中，原为“完全……”，后来被配第改为“几乎……”。——赫尔

和西兰的财富和力量增加九倍的话，虽然一方所增加的十分之九，没有超过另一方所增加的二分之一，我还是认为后者（荷兰和西兰）胜过前者（法国）。因为一方拥有九年的储备，而另一方却只有一年的储备。

综合以上所述，可以得出如下的结论：虽然法国同荷兰和西兰在人口方面的比例为 13∶1，在肥沃土地面积方面为 80∶1，但是法国的财富和力量并不比荷兰和西兰强 13 倍，更不用说强 80 倍了，它只不过强三倍多一点。这一点是会得到证明的。

法国和荷兰之间的差异的原因

以上，把第一点主要结论的最初两部分，简单扼要地交代清楚了。接着应该指出，上述财富和力量增进上的差异，是由各国的位置、产业和政策，特别是海运和水运的便利造成的。

许多有关这个问题的著作夸大其词，把荷兰人说成是超人，而把其他国家的人民说成是低人一等的动物，在这些方面（即关于产业和政策这些问题），他们把前者恭维为天使，把后者形容成呆子、牲畜和酒鬼①。与此相反，我却认为，荷兰人完成他们宏伟事业的基础，根源于该国的位置；因为有这种良好的基础，所以荷兰人完成了他国人民所不能做到的业绩，得到了他国人民所不能得到的利益。

① 罗雪尔：《16 与 17 世纪英国国民经济学史》，第 57 页。——赫尔

即使二者的地租相同，丰肥的土地比硗瘠的土地优越，从而荷兰比法国优越的原因

第一，荷兰和西兰的土地为低洼之地，土质肥沃。因此，土地能够养活许多人，从而，人们有可能聚居在一起，在产业上做到互相帮助。我认为，能够养活 1 000 人的 1 000 英亩的土地，优于不能生产任何东西的 1 万英亩的土地。理由如下：

1. 假如有 1 000 人从事建筑一个大手工场，如果这 1 000 人住在 1 000 英亩土地上面，难道不比他们被迫住在面积大 10 倍的土地上，可以节省许多时间吗？

2. 对 1 000 人的灵魂进行拯救所需要的经费和所需的神职人员，后者比前者要多得多，就联合抵抗外敌侵犯，以至就共同防御窃贼和强盗而言，情况也是这样。不仅如此，在证人和当事人容易传讯、出庭花费少的地方，以及居民的行动容易被了解，作恶和侵犯他人权利的行为无法隐蔽的地方（如在人口稀少的地方就是这样），司法费用要省得多。

最后，住在人迹罕到之地的人们，一个人既要自任士兵，又要自任牧师、医生以至法官。同时，他们的房屋（好像将要进行远洋航行的船只那样）必须储藏有必要数量的粮食，而这种储存会造成很大的浪费和付出不必要的开支。荷兰人所有的这第一条便利条件所具有的价值，我推算（或估计）①，每年约为 10 万镑。

① 在 S 本中，配第加添“或估计”，在 R 本中则没有这一句。——赫尔

荷兰因地势平坦和使用风车而得到的利益

第二，荷兰地势平坦，潮湿，水蒸气多，经常刮风，所以该国到处都可以设置风车。因有这样的便利条件，他们能够节省好几千人的劳动。因为一个人花半年时间建成的磨粉坊，所能做的作业，等于4个人花5年时间所能做的作业。这种利益，因劳动的加强或减轻而大小不一。在荷兰，这种利益特别大，因这种便利而产生的价值将近15万镑。

荷兰在工业和商业上的利益。荷兰和西兰位于三条大江的江口

第三，工业的收益比农业多得多，而商业的收益又比工业多得多。荷兰和西兰位于流经好几个丰饶的国家的三条大江的江口，能够让这些江河两岸的居民专门从事农业，而自己却成为工厂主，对这些农民的各种产品进行加工。他们几乎按照自己随意规定的价格，将这些产品向世界各地推销，从中得到利益。简单说来，荷兰和西兰掌握着三大江河流域各国产业的钥匙。这第三条便利条件所具有的价值，我估计为20万镑①。

靠近可通航的水道

第四，在荷兰和西兰几乎没有一个工场所在地或商业所在地离可通航的水面一英里远，而水路运费一般却只有陆路运费

① 在S本和R本中，配第都把“为……镑”改为“我估计为……镑”。——赫尔

的十五分之一或者二十分之一。所以如果荷兰的商业有法国那样的繁荣，那么，荷兰人由于在全部开销方面少花十五分之十四的邮递费和运费，因此他们的商品售价就比法国的商品售价相应地低；其销路也就比法国商品销路大。这些邮递运输费用就是在英国，我估计每年也达 30 万镑。在英国，单是信件邮递费，——尽管邮政业务是以很低款额包人承办，——人民每年大概就要花 5 万镑。而马匹和搬运工提供的其他一切劳务的费用，最少要达到上述数字的 6 倍。荷兰和西兰所享有的这种便利条件所具有的价值，我估计一年为 30 万镑。

荷兰易于防守

第五，这个国家由于它的处于海中的岛屿①纵横交错、沼泽地和难于通行的沟壕很多，所以易于防守。特别是考虑到因为国家富有而易受到觊觎的情况，尤其如此。我认为这个国家的国防费用，比起纯粹处在平原地带的国家，一年最少要节省 20 万镑。

船只停泊费低微

第六，荷兰有一个非常重要的特点，这就是船只停泊港口时，只需要低微的人工费用和停泊所用绳索费用。因为这一点，荷兰每年要比法国节省 20 万镑。这样，假如上述一切天然的有利条件所带来的利润每年超过 100 万镑，又假如我们欧洲人所

① 在 S 本配第加入“为海洋和沟壕所包围”，然后又将这一句删去，R 本则没有这种情况。——赫尔

经营的全部欧洲贸易,不,全部世界贸易,每年不超过 4 500 万镑,而这份价值的五十分之一构成利润的七分之一的话,那么很明显,荷兰是能够控制和支配全部贸易的。

渔业的利益

第七,像这样面临海洋、本国盛产鲜鱼、掌握着航运方面的支配权的人们,必然要垄断渔业。在这渔业中,单是打捕青鱼一项每年为荷兰人带来的利润,就超过西印度贸易给西班牙人带来的利润和东印度贸易给荷兰人自己带来的利润。许多人[①]断定,荷兰人也这样承认,在这方面,他们每年获利大约在 300 万镑以上。

在航海必需品上面的利益

第八,以航海和捕鱼为业的人[②],无疑地要掌握制造船只、划船、船桅及木桶所需的木料的贸易,掌握制造绳缆、船篷及鱼网所用的大麻的贸易,同时也要掌握盐、铁、沥青、树脂、硫磺、油及兽脂的贸易,作为航海和捕鱼所必需的附带事业。

适合于从事全球贸易

第九,在航海和捕鱼方面占着优势地位的人,比别人有更多

① 在 S 本中,配第加入"许多人……"。——赫尔

② 参看下列各书:约翰·基摩尔(John Keymour):《评荷兰 1601 年的渔业,事实证明邻国在荷兰领海中打捕青鱼及其他海鱼一年比西班牙王国在西印度群岛四年所取得的财富还多》,伦敦 1664 年版;约翰·布罗(John Burroughs):《不列颠领海的主权》,伦敦 1651 年版,第 115 页;约翰·艾维林(John Evelyn):《麦克库洛赫的商业论文选集中的航海和商业》,第 95 页及注四,第 242 页。——赫尔

的机会时常周游世界各地。因而也就有许许多多机会到处考察哪里缺乏哪些东西，哪里什么东西过剩，各国人民能做些什么，需要什么。其结果，他们就成为整个贸易界的代理人和经纪人。由于这个缘故，他们把所有的当地土产运到本国加工制造，然后甚至又把它运回原产地出售。这些都是有目共睹的事实。

他们不是在加工西印度群岛所产的糖吗？不是在加工波罗的海地区的木材和生铁吗？不是在加工俄国的大麻吗？不是在加工英国的铅、锡和羊毛吗？不是在加工意大利的水银和丝绸吗？不是在加工土耳其的棉纱和染料吗？简言之，在所有古代国家或古代帝国，谁经营航运谁就占有财富。如果各种货物价格的 2%构成利润的 20%的话，那么，很明显，有能力经营总值为 4 500 万镑的贸易的人，就会比别人多赚 100 万镑（按照单计算自然的①和固有的利益推算）。即使没有天使般的机智和判断能力（这种机智和判断能力，某些人认为是荷兰人所特有的），他们也能够轻易地掌握世界的贸易。

上面我已经讨论了荷兰的位置，现在就其产业谈一谈。

产业的人为的利益

正如大家所习见的，各国都擅长于制造本国的特产。例如，英国擅长于制造毛织品，法国擅长于制造纸张，鲁意克兰擅长于制造铁器，葡萄牙擅长于制造糖果，意大利擅长于制造丝绸。根

① 在 S 本、R 本中原为“相互的利益”，后来在 S 本中配第把它改为“自然的”。——赫尔

据这个道理看来，荷兰和西兰则最擅长于航海业，因此她们乃成为整个贸易世界的经纪人和代理人。航海业的利益如下：

农民①、海员、士兵、工匠和商人乃是国家的真正支柱。而一个海员则兼任上述四种人中的三种

农民、海员、士兵、工匠②和商人，在任何国家都是社会的真正支柱③。所有其他职业，都是由于作为支柱的人们有缺点或不能完成任务而产生的。一个海员一身兼任上述四种人中的三种。因此每一个勤勉而又机敏的海员，不单是一个航海家，而且是一个商人，同时也是一个士兵。其原因并不在于海员时常有作战和执掌武器的机会，而在于他们经常生活在有断送性命或丧失四肢之虞的灾难和危险之中。由上述海员的资格看来，训练和操练等作业，只是军事训练的一小部分，这是能够很快甚至立即学会的；但是其他方面则不经过长年而又充满痛苦的过程，是学不会的。因此能够拥有许多海员，是个无法估量的有利条件。

一个海员相当于三个农民

2. ④英国的农民每周劳动所得不过 4 先令，而海员通过工资、食品以及房屋等其他各种供应所得到的收益多到 12 先令，

---

① 配第在本书中所说的“农民”，实际上是指“农业劳动者”，下同。——译者

② S 本中，配第加添了“工匠”一词，R 本中无此词。但配第却忘了在以后三行将“‘四者’中的‘三者’”一语作相应的修改。——赫尔

③ 参看《荷兰共和国和西弗里斯兰省的神圣政治基础及原则的指导》(1669 年)，英译本，第 111 页。——赫尔

④ 原文中在这“2”字前面一段没有“1”字。——译者

所以，一个海员实际上等于三个农民。因此，尽管荷兰和西兰几乎不种植谷物和饲养幼畜，但是，它们的土地却由于建筑房屋，建造船只，制造机器，开凿壕沟，修建码头和游乐园，栽培珍贵的花草果木，以及家畜的挤奶和饲养，油菜、亚麻、茜草的种植等作业(这些作业都是各种有利的制造业的基础)而得到改良。

3. 别种人的作业只限于在本国进行，而海员的作业则广泛地在全世界范围内进行。因此，正如海员所指出的，虽然在某些地方或某个时候会发生商业萧条的情况，但是，在世界上总会有一些地方却会经常保持市景繁盛和粮食富足的局面，这是无容置疑的。这种好处，是从事航海的人，也只有他们才享受得到的。

金、银、珠宝是一般的财富

4. 产业的巨大和终极的成果，不是一般财富的充裕，而是金、银和珠宝的富足。金、银、珠宝不易腐朽，也不像其他物品那样容易变质①，它们在任何时候，任何地方都是财富。然而酒品、谷物、鸟肉、兽肉之类的东西尽管很多，它们却只是一时一地的财富。因此一个国家生产金、银、珠宝，或者经营会使本国积累金、银、珠宝的产业，比经营任何别的产业都有利。但是，海员的劳动和船只的运费，通常却具有一种出口商品的性质，这类出口商品如多过进口商品，就会为本国带回货币之类的财物。

① 在S本中，由配第加添“不像其他物品那样容易变质”。——赫尔

荷兰人航运费低廉的原因

5.垄断海上贸易的人，由于所花运费比别人少，比须负担较大运费的人会获得较多的利润。原因是这样：譬如织布，一人梳清，一人纺纱，另一人织造，又一人拉引，再一人整理，最后又一人将其压平包装，这样分工生产，和只是单独一个人笨拙地担负上述全部操作比起来，所花的成本一定较低。同样，垄断航海业的人，可以建造细长的船只，以载运桅樯、枞木、木板、梁木等物品，同时也可以建造短身的船只，以载运铅、铁、石块等物品。在开往不会有触礁危险的港口做买卖时，他们可以用一种船，而在航行12小时内要搁浅两次的地方，他们又可以用另一种船。在平时或运载价廉的粗劣的物品时，他们用一种船和一种掌船的方法。战时或载运贵重物品时，他们又采用另一种船和另一种掌船的方法。在风浪大的海洋，他们用一种船，而在内江内河他们又用另一种船。在为了最先赶到市场要求迅速的情况下，他们用一种船和一种绳缆，而在不在乎时间相差五分之一或四分之一的情况下，他们又用另一种船和另一种绳缆。在远洋航行时用一种竖立桅杆的方式和系结绳缆的方式，而在沿岸航行时，又用另一种竖立桅杆的方式和系结绳缆的方式。捕鱼时用一种船，贸易时又用另一种船；在同外国作战时用一种船，而在单纯运输货物时，又用另一种船。他们有的船用桨，有的船用竹篙，有的船用帆，还有的船用人和马拖拉。有的船用于航行凝结着冰块的北方海洋，有的船用于航行需要不断和蛀船虫作斗争的南方海洋,诸如此类,不一而足①。我认为上述各点是荷兰人所以能够以低于其邻国人的运费进行贸易的许多原因中的主要原因。也就是说,荷兰人能够适应各种特定业务的需要,使用特定种类的船只。

荷兰的政策

以上说明了:所处的位置怎样促使荷兰人发展了航海业;航海业实际上又怎样促使他们发展了其他所有产业;还有,对外贸易又是怎样不可避免地促使他们发展了其所能自行经营的许多工业;为了解决工业急剧发展的需要,他们又是怎样地把世界上多余的人手变成了他们手工工场的工人。这样,剩下的问题,就是说明荷兰人政策的效果。不过,这种政策是依据上述天然的有利条件而制定的,可不是像少数人所想象的那样,是出自荷兰人的超人智力。

我在前面略而未提的一件事就是,荷兰人一百年来始终是一个穷苦、被压迫的民族,他们住在自然条件不好——寒冷、潮湿而不舒服的地方,同时,还由于被视为宗教上的异端而受到迫害。

因此,必然要出现如下的情况。这就是,这个民族必须进行艰苦的劳动,使所有人手从事工作;不论贫、富、老、少都必须研究有关数量、重量以及长度的技艺,生活必须刻苦,必须供养无

① 关于配第的建造船只的试验以及他就这个问题所写的著作,参看《配第论文集》序言第三部分;菲茨莫利斯:《威廉·配第传》,第109—115、256、266页。——赫尔

法靠自己的劳动来获得收益的、没有工作能力的人和孤儿，必须处罚懒汉，强迫他们劳动，而不是使他们变成无用的人[1]。所有这些情况，有人认为是出自荷兰人明智的创造，但是我并不认为是这样。我认为，以他们的处境，除了那样做以外，没有其他办法。

信教自由、资产转让登记制的采用、关税税率低、银行、贷款业的经营和创设以及商法的制定，都是和上述各种情况同出一源而同归一海的。至于利率的低微，也同样是上述各种情况的必然结果，而不是出自荷兰人的创造或发明。

缩短桅杆

因此，我们应该专就上述各种情况分别说明它们的效果，并应首先谈谈信教自由问题。不过，在讨论这些问题之前，我必须谈一谈几乎被人遗忘的一种做法（它是否同产业和政策有关系，并不重要）。这就是荷兰人用自己的船只载运贱价的粗劣货物和其销路同季节没有多大关系的货物时，采用短桅杆扬帆航行的方法。

值得注意的是，假定有两只船，它们的大小和形状都一样，如果一只船挂长达 1 600 码的帆篷，另一只船挂长达 2 500 码的帆篷，在这种情况下，两只船的速度为四与五之比，因此将同一批木料运回本国，前一艘船需五天，后一艘船则只需四天。这是就这两艘船只航行四天或五天的时间来说的。但是，我们如果

① S本中，由配第添加了“不是使他们变成无用的人”。——赫尔

假定它们的航程为三十天，那么，一艘船诚然比另一艘船多航行了五分之一的时间，而就全部航程来说，这一艘船不过只多花了三十分之一的时间。假如桅杆、帆桁、绳缆、锚索及锚等工具的数量取决于帆篷的数量和尺寸，因而水手人数也取决于帆篷的数量和尺寸的话，那么，一艘船在航行中虽然只不过损失了三十分之一的时间以及有关的器具和人手，但它在运费支出上面却节约了三分之一。

信教自由及荷兰有信仰自由的原因

现在来谈谈荷兰人的第一项政策，即信教自由的问题。据我个人的看法，荷兰人是根据以下理由承认信教自由的。（但是，国家还是经常保持一批军队来维持公共安宁。）1. 荷兰人为了避免向僧侣缴纳捐税而和西班牙断绝外交关系。2. 这些不信国教的人大部分是有思想、严肃认真和坚忍顽强的人（尽管他们的想法①是十分错误的），他们相信劳动和勤勉是自己对神的义务。3. 这些人相信神的正义，他们看到放纵淫逸的人在世界上最享乐，而且享受最好的东西，因此下决心不和这种荒淫无耻之徒，不和极其富有同时又有极大权力的人（这些人认为这些财富和权力是他们在这个世界所应该有的）共同信仰一种宗教或共同从事一种职业。

4. 他们深切地体会到，一个人不能信仰他所愿意信仰的宗教，同时强迫人们承认他们信仰自己实际上并不信仰的宗教，都

① 在 S 本中，把“原理”改为“想法”，在 R 本中，把“主要”改为“原理”。——赫尔

是无益的、荒谬的，同时也是一种不尊敬神的行为。

5. 荷兰人知道：他们自己并不是正确无误的教派；其他的人也像他们自己一样奉圣经为指南，而且他们也同样关心拯救自己的灵魂；因此，他们不认为把这项事宜视作自己的任务是适当的。他们只不过要求自己所雇用的海员立契保证绝不轻易地把他们所有的船只和生命断送掉。

6. 荷兰人注意到，他们自己使用(或需要)神职人员一人，但德国和西班牙(特别是后者)却使用(或需要)大约100人，而这些神职人员所主要关心的事情，端在于维护教义的统一。荷兰人认为这种事情是一种多余的负担。

7. 他们注意到，在维护教义的统一上花费力气最多的地方，异端分子也最多。

8. 他们相信，假如在人民中有四分之一是异端，又假如这四分之一的人口由于某种奇迹被全部消灭了，但在不久之后，其余的人又会有四分之一以某种方式或另一种方式变成异端。因为人们对超越感觉和理性的问题抱有不同见解，是很自然的事；而财产不多的人认为他们自己才智过人、理解力较高，在神的事务方面尤其如此。因此，他们认为对神的事务的理解，主要是贫民的事情，这也是很自然的。

任何一个国家的商业主要都是由异端分子经营的。把欧洲所有信仰天主教的海员加在一起，也不足以配备英国国王的舰队

他们认为《使徒行传》中所描写的原始基督徒的状况和现在

异端分子的状况很相似(我认为表面如此)。不仅如此,商业往往不是(像有些人所想的那样)在最得人心的政府统治之下最繁荣,恰恰相反,不论在任何国家、任何政府统治之下,商业都是由其中的异端分子和表明其信仰和公认的信仰不同的那一部分人经营的,而且经营得十分旺盛,这是值得注意的。换句话说,在印度,伊斯兰教是公认的宗教,但是在那里,信印度教的掮客却是占十分重要地位的商人。在土耳其帝国,犹太人和基督徒是占最重要地位的商人。在威尼斯、那不勒斯、利伏诺、热诺亚及里斯本,犹太族和非天主教的外国商人又是占最重要地位的商人。简言之,在欧洲目前或不久以前,罗马天主教被确定作国教的那一部分地区,全部商业的四分之三掌握在从天主教会分裂出来的人们手里。换句话说,英格兰、苏格兰和爱尔兰的居民和包括荷兰、西兰在内的联邦各州以及丹麦、瑞典和挪威的居民,以至德国信奉新教的君主的臣民及汉撒各城市,目前掌握着世界全部商业的四分之三。甚至在法国本身,相对而言,胡格诺教徒又是最有势力的商人。在爱尔兰,上述天主教不是公认的宗教,但表明自己信仰天主教的人却掌握着大部分的商业,这也是无可否认的事实。由此可见,商业并不是同上述的某种宗教联系在一起的,而是像上面所述的那样,是同全部居民中的一部分异端分子联系在一起的。我认为,就英国所有的最大商业都市而言,情况也是如此。同时我还深信不疑,把全世界信奉天主教的海员加在一起,也不足以有效地配备一支同英国国王现有舰队力量相当的舰队;但是非天主教徒的海员却足以配备比上述舰队多 3 倍以上的舰队。因此,被后一部分人尊崇为领导者的人，大致不会在海洋上的利益方面受到他人侵害。由此可见，为了发展商业起见（如果这能够成为充分的理由的话），就应该以宽容的态度对待信仰问题。不过，正如荷兰所作的那样，对于胡作非为，则必须用武力加以制止。

土地和房屋的所有权有保障

荷兰人所采取的第二项商业政策，换句话说，荷兰人所采取的鼓励商业的政策，就是对土地和房屋的所有权予以切实的保障。因为土地和房屋虽然可以称为“稳固的大地和不能移动的物件”（Terra Firma & res immobilis），但是它们的所有权却不稳固。这可从法学家和行政当局不乐于承认它是稳固的情况得到证明。因此，荷兰人乃通过登记制度及其他保证的方法，将所有权规定为和土地本身一样是不能移动的东西。因为对于通过劳动而获得的东西如果没有任何保障，也就是说，如果一个人经过多年[①]的艰苦劳动和忍受极端痛苦而获得的东西会在片刻之间[②]轻易地被别人用欺骗手段，或通过串通舞弊抑或施行诡计抢索而去，那就不可能鼓励人们勤勉劳动[③]。

关于英国采用登记制度的问题

关于英国采用登记制度的问题，历来有很多争论。大部分

① 在S本中，由配第加添“经过多年”和“片刻之间”。——赫尔

② 同上。

③ 配第本人曾经失去大批土地，这些土地他以前认为是属他所有的。参看菲茨莫利斯：《威廉·配第传》，第137、138、151页。——赫尔

法学家认为英国土地所有权本来已十分稳固而有保障，反对采用这种制度。因此，不去考虑赞成与反对两方面的微不足道和不正确的理由，而由法院官员进行调查，在最近十年之间，由于不正当的地产转让，购买人损失了多少金钱或支付了多少代价（如果有登记制度的话，这种损失是可以避免的），这种做法是正确的。假如调查结果表明：人民由于没有登记制度，每年平均损失达转让地产总额的十分之一，那么，其次还需要计算一下，为了保证土地所有权安全而办理这种转让登记，每年要缴纳多少费用，然后，再将上述两笔金额加以比较，则这个聚讼纷纭的问题就会得到解决。但是，尽管如此，有些人仍然认为，虽然举办登记制度真正受到损失的人不多，然而，绝大多数的人，由于对办理登记有害怕心理，因此，他们就不想把土地出卖了①；所以，他们还是不赞成采用土地转让登记制度。

荷兰的银行

荷兰人的第三项政策就是设立银行。银行的功用，在于能使资金增加，或者，毋宁说在于能使零星资金在产业中起到巨额资金的作用。为了取得这样的效果，必须考虑下面几个问题：1.需要多少资金，才能够经营本国的产业？2.本国实际上有多少现金？3.需要多少货币，才能满足支付全年所有50镑以下的金额或任何其他更相称的金额的需要？4.银行经营者能对多大

① 在S本中，配第加添“但是，尽管如此，有些人仍然认为……不想把土地出卖了”。——赫尔

金额提供安全保证？彻底弄清以上四点，也就会明了，在上述现金中有多少可以安全而有利地①存入银行；同时也可以明了这笔存款相当于多少现金。譬方说，假定经营本国贸易，需要15万镑资金，可是本国却只有6万镑现金，又假定应付所有50镑以下金额的支付，需要有2万镑现金，在这种情况之下，假如6万镑现金中，有4万镑存入银行，这4万镑就相当于现金8万镑。这8万镑现金，加上未存入银行的2万镑现金，合计为10万镑现金，换句话说，这10万镑现金就足以经营所拟议兴办的产业。在这里应该注意的是，银行经营者必须对其所收到的存款负双倍的责任，同时又有能力从一般人中间收回失诸某些人身上的资金。

依据这些理由，银行就可以自由地利用它所收到的4万镑存款。由于这种做法，上述的存款连同它的信用放款4万镑合计就这8万镑，再加上外留的2万镑，总共达到10万镑。

荷兰人当农民和步兵的很少

在这里，我还可以进一步讨论好多问题。不过关于这些问题，别人已经说过了，所以我只想再谈一谈一个在我看来颇为重要的问题，以作结束。那就是，荷兰人不肯从事两种职业，这两种职业都是最艰苦和最危险的并且得到的好处又最少。第一种职业就是充当普通兵士，由于这些兵士荷兰人能够从英格兰、苏

---

① “有利地”(profitably)，在S本中被配第改为“适当地”(properly)，R本也作“适当地”。——赫尔

格兰和法国雇到，他们就让这些兵士去冒其生命危险，代价是一天6便士。然而他们自己却安全而安逸地从事那些收益优厚的职业，从事这些职业，就是他们中间最卑贱的人也能赚到比士兵收入多6倍的收益。与此同时，由于雇用外国人当兵，荷兰的人口因而日益增多起来。由于这些外国人的儿女同时也就是荷兰人，他们能够各就所业；同时，荷兰人又准许新来的外国人无限制地入境；另外，这些兵士还利用空余时间做一些工作，其收入至少不低于自己的消费需要。因此，荷兰人通过这种雇用外国人当兵的做法既增加本国的人口，又使本国人免除了危险和穷困，而可不花一文真正代价。通过这种做法，他们还做到了别国人用外国人归化法[①]所做不到的事情。外国人归化法是根据这样一种想法制定的：只要准许外国人使用共同语言，只要准许他们用新的姓名，他们就会乐于由其出生国移居到本国来。在爱尔兰，这种法律对于招徕外国人几乎没有产生丝毫效果[②]。这种情况并不奇怪，因为英格兰人如果得不到当士兵的收入，或者得不到足以维持生活的某些其他利益，他们是不会到爱尔兰去的。

---

① 关于外国人归化的建议，曾于1664年、1667年、1670年及1672年提到议会议程上，参看《下院纪事录》第8卷，第555、557页，第9卷，第22、29、33、175、250、267、274页；《议会史》第4卷，第577页；以及下列书籍，蔡尔德：《贸易新论》，第七章；肯宁汉：《近代英国工商业的发展》第2卷，第178、179页。——赫尔

② 查理二世14年、15年法令第十三号规定，信奉新教的外国人、商人及工匠在七年之内将其财产和家属迁移到爱尔兰并在爱尔兰定居，经过忠诚宣誓之后，就被承认为完全自由的、归化了的臣民，并享有本国人民所享有的一切权利。参阅蒙特摩尔斯（Mountmorres）：《1634—1666年爱尔兰议会主要议事沿革》第1卷，第426页。——赫尔

计算成人和人口价值的方法

上面已经说明了荷兰人增加人口的方法。这里且以英格兰的人口为例，附带说明一下平均计算每一个人口价值的方法。假定英格兰全部人口为 600 万人，每人开支为 7 镑，总共为 4 200 万镑；同时又假定土地的地租为 800 万镑，所有动产的收益每年在 800 万镑以上。这么一来，其余的 2 600 万镑，就要靠人民的劳动来提供。这 2 600 万镑乘以 20（人群也和土地一样，值 20 年的年租），得 5.2 亿镑，这个数额就是全部人口的价值。再将这个数字用 600 万来除，得 80 余英镑，这就是每个男、女、儿童的价值，而壮年人的价值等于这个数额的 2 倍。由此，我们就能知道怎样估计因瘟疫、战争所造成的屠杀以及因派人出国为外国君主服务所造成的损失。荷兰①人不肯从事的另一种职业就是喂养乳牛和大半关于种植谷物之类的、古老的家长式的职业。荷兰人将这些工作推给丹麦人和波兰人去做，而从丹麦和波兰人那里取得自己所需要的幼畜和谷物。但这里应该注意的是，随着各种产业和新奇技艺的增加，农业便趋向衰落，不然的话，农民的工资就要上涨，其结果土地地租一定要下跌。

地租下跌的原因

为了证明这一点，我想指出下列理由。这就是说，如果现在每天挣 8 便士左右的英格兰农民转业为工匠，从而每天赚 16 便

① 在 S 本和 R 本中，从此处起另成一段。——赫尔

士(由于一般工资为 2 先令或 2 先令 6 便士,所以这绝不能算是太高的工资)的话,那么,放弃农业,土地完全不用于农耕,而只利用它来放马、饲养乳牛或辟为花园和菜园,这会对英格兰更为有利。假如情况真的发生这样的变化,而英格兰的商业和工业有所发展的话,这就是说,如果和过去相比有更多的人口从事这些产业,同时和农民占多数、工人占少数的时候相比,谷物价格又完全没有上涨的话,那么仅仅由于这一个原因(当然还可能有其他原因),土地地租就必定下跌。例如,假定小麦价格一蒲式耳为 5 先令(即 60 便士),而种植小麦的土地地租为小麦收成的三分之一,这样,在 60 便士中,就要有 20 便士归于土地,40 便士归于农民。但是,假如农民的工资上涨八分之一,即每日由 8 便士涨到 9 便士的话,这时,在 1 蒲式耳小麦的价格中,农民所分到的份额,就由 40 便士增加到 45 便士。其结果,土地的地租,就要由 20 便士降为 15 便士,因为,我们假定小麦的价格依然保持不变。何况我们不可能将小麦的价格提高。因为如果我们真的把小麦的价格提高,那么谷物就会由农业情况没有发生变化的海外各地(像运入荷兰那样)运入我国。

以上我就第一个主要结论作了叙述。这结论就是,一个领土小而且人口少的小国,由于它的位置、产业和政策优越,有可能和一个大国相抗衡。在这上面,航海和水运的便利起着最显著而又最根本的作用。

第 二 章

某些赋税和义捐，会使王国的财富增加而不是减少。

怎样将金钱由某一个人手里转移到另一个人手里，才算有利

如果通过赋税的形式征收自人民的资金及其他财产遭到破坏，化为乌有的话，那么，很明显，这种赋税只有使公共财富减少。同时，如果上述的资金和财产输出王国之外而得不到任何收益的话，情况也会和上述一样，或者更坏①。但是，如果照上述方法征收到手的资金和物品仅仅是从一个人手里转移到另一个人手里的话，那么，我们只消研究一下下述两种情况就可作出结论，这两种情况就是：上述的资金和物品是自从事发展生产工作的人们征收来的，但它却被交到一个不良的管理人之手，抑或是另一种情况。这另一种情况就是，譬方说，通过赋税的形式征收来的资金是从将这些资金用于大吃大喝的人征取来的，但它却交给将这些资金花在改良土地、捕鱼、开矿及开办工业之类的有益事业上面的人。很明显，这种赋税对以上述各种不同的人为其成员的国家说来是一种利益。不仅如此，如果资金征收自

① S本中，由配第加添"或者更坏"。——赫尔

将其用于吃喝(这有如上述)或者用于购买其他容易化为乌有的物品的人,然后把它交给把它用于购买衣料的人,我认为,即使这样做,对公共财富还是有一些好处的。因为,衣料总的说来不像食品或酒饮那样很快地就化为乌有。但是,如果上述的金钱用于购置家具,其利益还要更大一些;如果把它用于建筑房屋,其利益就更大了。如果花在改良土地、开矿、捕鱼等方面,其利益尤其大。要是把这些资金用于经营从国外运回黄金和白银的事业,则利益最大。因为,黄金、白银这些东西不单不易腐烂,而且在任何时候和任何地方,都是被当作财富受到重视。至于其他商品,有的容易腐烂,有的其价值则随其是否时行而变动,有的有时缺少有时又会丰富,这些商品固然都是财富,但是,正如以后将要说到的那样①,它们只是限于一时一地的财富而已。

为新创办事业征税,有利于增加公共财富

其次,如果一个国家迫使那些还没有得到完全就业的人民从事生产那些一向从国外进口的商品,或者通过对这些人征税的办法迫使这些人从事这些商品的生产,我认为,这种赋税同样会促使公共财富增加。

为懒汉而征收的赋税

如果存在着靠行乞、欺骗、盗窃、赌博、赖账生活的人,又如果存在着利用这些方法从容易受骗或疏忽大意的人那里攫取金

① S本、R本中作"如前所述"。参看本书第25页。——赫尔

钱多过维持其生活所需的人，我认为，——固然国家目前不能为这些人提供职业，因而不得不负担他们的全部生活费，——与其让这些人以牺牲容易受骗、疏忽大意而又善良的人们为代价而大肆挥霍金钱，与其让许多有才能的人因起因于风纪败坏的犯罪行为而丧失生命，使国家社会遭受损失，无宁从税收中拨出一笔款项对所有这些人给以定期而适当的补助，对公共的利益会更加有利。

反之，勤劳而富于创造性的人们，不单用其所吃、穿、用、住的高雅的食物、服装、家具、住宅、漂亮的花园、果园以及公共建筑来美化自己所居住的国家，而且还利用贸易和武力使本国金、银、珠宝增加。如果这些人的资财，由于课税而减少，同时这些税收被转移给那些除了吃喝、歌唱、游玩、跳舞以外一无事事的人，抑或这些税收被转移给那些沉湎于空谈理论或其他无谓的空论的人，或者被转移给那些委身于不生产任何一种物质财富或对国家社会具有实际效用和价值的物品的那种生活的人，如果这样的话，我敢说，社会的财富将要减少。除非他们做这样一些活动，这些活动有助于精神的休养和恢复，同时这些活动如果进行得适当，则又会赋予人们以必要的知识，使他们去从事更有意义的工作，如果这样的话，那又是另一回事。

所以，总的说来，要知道一种赋税有益还是有害，必须彻底了解人民的状况和就业状况。换句话说，必须了解全部人口中有多少人因年幼体弱或没有能力而不适宜于从事劳动，以及有多少人因其财富、职位或地位关系，或因其所负的责任及所担任的职务关系而不从事劳动。除非他们的职务在于指导或指挥及保护专门从事某种劳动或技艺的人们,则又当别论。

2.[①]其次,必须计算一下,适宜于从事上述劳动或技艺的人有多少,有能力按国家现有情况及现有规模执行国家事务的人有多少。

如何判别哪一种赋税是有利的

再次,必须研究一下,这些剩余人口是否能制造全部或某一部分仰赖海外输入的商品。特别是要研究一下,他们能制造其中哪些物品和能制造多少。这一类人中的剩余部分(假如有的话),则可以稳当地从事享乐或玩赏的技艺和操作而不至损害公共财富。而在这种技艺或操作中,最重要的一点,就是提高有关自然的知识。

关于这一点,我在前面已作了概括说明。因此我认为完全没有必要另作论证。这里我想指出,在过去一百年中,欧洲没有一个国家像荷兰和西兰那样征收那样高额的赋税和义捐;同时在同一时期内,也没有一个国家像这两个国家那样增加了那么多的财富。这两个国家的情况,显然符合上面所作的论述。因为,这两个国家在所有物品中对食肉和酒饮征税最重,目的在限制花过多的钱在一经使用在 24 小时内即化为乌有的物品上面;同时他们对比较耐用的物品,则予以较多的优待。

不仅如此,除了特殊情况之外,这两个国家通常不是按照人们的收入征收捐税,而是按照人们的消费行为征收捐税,特别是

① 原文中在这个"2"前面一段没有"1"。——译者

对无益的消费行为和不会产生收益的消费行为征课重税。依据这一原则，这两个国家对进口和出口的货物所课的关税，一般是很低的。他们采取这项措施的目的，在于保持他们从对外贸易中所得到的利益和用以还击近邻国家，这些国家通过禁止货物进口和出口以及提高各种税率的措施，给他们造成损害。

在征税措施之下，荷兰和英国大体上都变得更富有了

此外，值得注意的是，自 1636 年以来英格兰、苏格兰以及爱尔兰所征收的赋税和义捐，虽然比以往任何时候都多得多，但是正如后面将要说到的[①]，上述这几个王国在这 40 年中还是增加了财富并增强了力量。

君主收入的差异。就爱尔兰说，用一波尔[②]亚麻来缴纳租税较为有利

据说，法国国王目下向人民征收的赋税，多到占人民所有财富的五分之一。但是，尽管如此，国王仍然大言不惭地大大夸耀着自己国家现有的财富和力量。当我们区分人民所有的财富和不论在任何地点、任何时间都能随心所欲地对人民进行勒索的专制君主所有的财富的时候，必须十分慎重。不仅如此[③]，在两个帝皇所统治的臣民富有程度相等的情况下，一个帝皇却可能比另一个帝皇富有一倍。这就是说，假如一个帝皇掠取人民财

① 参看第六章。——译者

② 波尔(Pole)为长度名，等于五码半。——译者

③ S 本中，配第加进“不仅如此”。——赫尔

产的十分之一为己有，而另一个帝皇却只征收人民财产的二十分之一，那么，在这种情况下，较贫穷的人民的帝皇，就会比较富足的人民的帝皇，显得更加豪华显赫。正如下面将要说到的那样，法国的情况恐怕多少与此相似。我想提出下述看法，以作说明上述论点的一个例证和具体应用的例子，这就是说，我认为爱尔兰人口约有 120 万，炉灶①即火炉②近③ 30 万个，我认为，与其对每个炉灶征收 2 先令银币，毋宁让每个人缴纳价值 2 先令的亚麻。这样不仅人民较易于负担，而且对国王也更为有利。理由有如下述。

1. ④爱尔兰人口不足，不论土地还是家畜都非常便宜，各地水产和家禽都甚多。土地盛产优等的球根类菜蔬（特别是类似

① 这个估计数字比《爱尔兰的政治解剖》一书中所举的估计数字要大（见该书第 8 页），这说明《政治算术》是在《爱尔兰的政治解剖》以后写成的。——赫尔

② 1662 年 8 月 8 日，爱尔兰下院经过长时间辩论之后，全体一致通过取消监护法庭，决定仿照英格兰征收的同类税目，对爱尔兰的所有炉灶每年永久课税 2 先令。参看蒙特摩尔斯：《爱尔兰议会史》第 2 卷，第 126—127 页；查理二世 14 年、15 年爱尔兰法令第十七号。其中规定，炉灶占有者应于每年 1 月 10 日将税款全数缴纳。如果占有者贫穷或占有者将炉灶卖出，应将该项税款发还。被豁免纳税的，只限于下述的一些人，即依靠施舍生活者，以及经治安推事二人用书面证明其住房房租一年不到 8 先令，所持有的财产价值不到四镑的寡妇。后来因为逃税的很多，于是查理二世 17 年、18 年又以爱尔兰法令第十八号（1665 年）规定，对隐瞒炉灶者处以罚款，对未安装固定炉灶的房屋增课一倍税款。在 1704 年以前，这种税是各州由投标额最高的人承包征收的。见霍华德（Howard）：《论爱尔兰国库与岁收》第 1 卷，第 89—91 页。这种税无疑是苛重的，逃税的必定很多，所以以其税收总额作为估计人口的根据，是非常不全面的。——赫尔

③ S 本原为“约”，配第把它改为“近”。——赫尔

④ 原文中在这 1 后段没有 2、3……——译者

面包的球根类菜蔬马铃薯)。此外,爱尔兰人能够用自己[①]制造的锪车和镳铲从事农耕,住在几乎任何人都能够建造的房屋里,每个家庭妇女都能纺染羊毛和棉纱。他们可以无需金币或银币,照其现有习惯过日子(或维持生活),同时他们每日用不着劳动两小时,就能为自己提供上述的必需品。现在已经弄明白,这些贫民所以无力纳税,并不是因为他们缺少货币,而是因为他们不使用货币。30 万个炉灶每年原可征税 3 万镑,结果连 1.5 万镑都征收不到,就是由于这个缘故。然而不难想象,一家四五口人住在只有一个炉灶的小屋子里是有能力轻而易举地在大约 40 平方英尺(即一英亩的五十分之一)的土地上种植亚麻的,同时这么一块土地就会产出价值 8 先令或 10 先令的这种商品。另一方面,这么一小块土地的地租,在绝大部分地方每年都不到一便士。而且,种植亚麻,一点也不需要这个国家向不熟悉的特殊技艺。那么,亚麻市场的情况又怎样呢?在荷兰,除了本国生产之外,还需要从外国输入价值达 16 万镑至 20 万镑的亚麻;而英格兰和爱尔兰输入和消费的亚麻制的麻布,价值则超过 50 万镑。关于这一点,后面还要说明。[②]

通过以上所述,我们阐明了:对爱尔兰贫民说来,银币是没有用处的;由于这个原因,炉灶税连一半也征收不到;得到就业的人不及全部人口的五分之一;爱尔兰人民和土地最适宜于种

① 在 S 本中,配第用斜体字加添了“自己”二字,由其加添的情况看来,似乎加在“任何人”下面作“任何人自己都能够建造的房屋”,更符合配第的原意——赫尔。关于爱尔兰人当时的生活情况,可参看配第:《爱尔兰的政治解剖》,中译本第 65 页。——译者

② 这个诺言,后面可没有兑现。——赫尔

植亚麻；价值一便士的土地大约能出产价值10先令[①]的亚麻，同时，有十分充裕的市场，它可以吸收产值超过10万镑的亚麻而有余。我认为，上述各点充分证明了我的建议是正确的，最低限度使我有理由提出一项实施方案，这项方案正是现行法令和这个国家的利益所要求的，同时使我有理由促使这项方案付诸施行。何况这样生产出来的全部亚麻即使不提供任何收益，但也不至引起亏蚀。因此，我认为提出这种方案显然是适当的；然而在以往，同样的时间却浪费在更加无益的事情上面了。根据同样的理由，如果照样对英格兰人民每人征税2先令，那么对英格兰人民来说，这种征税也照样会使他们得到好处。这笔税款每年将达到60万镑，应该让人民用由亚麻制成的各种麻布、缝衣线、带子和花边来缴纳。我们现在是从法国、弗兰德斯、荷兰及德国输入这些物品的，根据经过详细调查的材料看来，这些物品的价值远远超过上述金额。

对过剩产品课征的各种捐税是无害的

据雇用很多贫民的织布商或其他的人观察，在谷物很丰足的时候，贫民的劳动价格就相应地高昂[②]，几乎完全雇不到他们

① S本中作"约10先令"。——赫尔

② 这和经济理论的一般假设正相反，当食物丰足时，工资应该下降。尽管这样，配第的主张，却被《论贸易和商业》(1770年)的目光尖锐的作者(坦普耳[W. Temple]呢还是肯宁汉?)所证实。(该书第14—16页)李嘉图也说，甚至在他生存的时代，爱尔兰的情况也确实是这样。(《李嘉图致马尔萨斯书信集》，第138页)另外，参看马尔萨斯：《政治经济学》(1820年)，第382—388页；肯宁汉：《近代英国工商业的发展》第2卷，第689页。——赫尔

（单纯为了吃饭、特别是为了饮酒而劳动的人，甚为放荡）。由这一观点看来，如果在平常能为国家生产充分粮食储备的许多土地上面播种谷物，而其所生产的谷物要比预期产量或需要量多一倍的话，那么，我认为，就应该把这个神赐给大家的恩惠，用来增进由元首代表的一切人民的共同福利，而大不应该随便把它交给人群中卑劣的和禽兽一般的分子让其滥花，以致损害公共的财富，这样才算合理。因此，这种过剩的谷物，应该送进公共的仓库，通过仓库妥善地把它用来增进社会福利。

假如目前英格兰所消费的谷物——假定小麦每蒲式耳售价为 5 先令，大麦每蒲式耳售价为 2 先令 6 便士——平均每年值 1 000 万镑，照此推算，在谷物可能便宜三分之一的特大丰收的年份，国家就会得到十分巨大的利益。然而在目前，这些谷物却被花在人们吃食上面，它们不论在量方面或在质方面都见衰退，同时人们由于吃得过多，他们连日常劳动也感到厌烦了。这种情况，显然不能令人乐观。

糖、烟草及胡椒的情况，也可以说和此相同。这些物品，由于习惯的关系，现在已成为全体人民的必需品，但因为种植过多，价格显得非常便宜。我认为，这些物品大量增产，对社会理应是有利的。这种看法不能说是不通的。

对来自东方的葡萄干[①]征课国内消费税，也同样不能算不合理。不单从上述理由，而且从其他理由来说，都是如此。

---

① G 本（1683 年出的盗印本）作"谷物"。——赫尔

关于通过派充民兵及征召其他两种军人而作的征课

目前使人民充当民兵或担任国民军的做法，是对这个国家人民征课的一种轻微的赋税。因为，从全体看来，这种征课只是让少数人用他们自己的物品(即他们自己的武器)每年服役数日而已。假如英格兰有男人300万人，同时在这300万男人中有20多万人为年16岁至30岁的、靠自己的劳动和服务生活的未婚者。那么可以断定，目前民兵队就是由这些未婚者组成，它的兵额和这些未婚者的人数相等或约略相近。

又假如，在这些兵员中，15万人受到步兵训练，5万人受到骑兵训练(在岛国，骑兵特别有利①)，并武装起来，那么这支地面部队连同3万名海上部队，必定能够在神的日常庇护之下保卫这个岛国，对付任何武力进攻。但是，武装和训练这些兵员以及一年集合这些兵员2次或3次所需的经费，却只构成一种十分轻微的捐税，因为它是取诸于民而又用于民的。不仅如此，即使从上述兵员中选拔三分之一特别适宜于作战、同时又喜好作战②的人，让他们每年操练或集合14次或15次，则全年所需的经费也不过等于两星期的薪饷，所以它同样是一项十分轻微的捐税。

最后，如果从上述兵员中，再选拔三分之一，编成1.6万名左右的步兵，6 000名左右的骑兵，每年操练或集合40天的话，我估计，这三种民兵的经费——即使对后一兵种一年发给6星期的

① 在S本中，由配第加添括号以内部分。——赫尔

② 在S本中，由配第加添“同时又喜好作战”。——赫尔

薪饷——全部合计，每年也不会超过 12 万镑。这笔经费我认为是一项很轻的负担，因为这种措施所带来好处是十分巨大的。

关于对海军及商船补充海员的问题

英国现有的海军需要配备人员 3.6 万名，英国的航海业也需要配备海员 4.8 万名。所以，为了顺利完成这两方面的任务，就需要 7.2 万（而不是 8.4 万①）左右可以充分信任的海员。但是，正如我们现在所看到的，因为没有这么多人员，所以皇家海军长时期不能装备起来，但是海军在装备起来以前，它就不能有效地执行勤务，徒然消耗经费。在这种情况下，我们也看到：商人陷于非常困难的境况，蒙受不利，他们为了继续维持业务，付出很高的代价。因此，假如每年从 2.4 万名身强力壮的工匠中，挑选 6 000 名加以训练，使他们能够胜任海上勤务，同时，为了对他们表示奖励，对每个出航者每年发给 20 先令薪金（就是他们住在家里不出勤也同样照发），对于执行勤务达到 6 年或且超过 6 年的人，则每年发给不超过 6 镑的薪饷，如果这样的话，那么，按每人平均 3 镑计算，有 7.2 万镑左右就足以发放全数 2.4 万②人的薪饷。如果那样③，由于管理商船的海员中有一半经常留在港内执勤，这批人假定大约有 2.4 万名，这些人数另外

① 在 S 本中，由配第加添“不是 8.4 万名”；而在 R 本中，由配第将“约 8.4 万整”改为“约 7.2 万整”。——赫尔

② 在 S 本中，由配第加添“2.4 万”。——赫尔

③ S 本为“一半海员加上一半辅助人员”，R 本为“海员和一半上述辅助人员，当发生非常事态时，就可把全部皇家海军配备起来，直到出海的人自海上归来为止，还有 1.2 万名比较能干的辅助人员代商人执行他们在港口的业务。我认为”。——赫尔

再加上前述辅助人员的半数，则不论有什么[①]非常事态发生，都足可为全部皇家海军配备 3.6 万名海员[②]，同时，一直到出海的人自海上归来为止，还有 1.2 万名比较能干的辅助人员代商人执行他们在港口的业务。这样，3.6 万人、2.4 万人和 1.2 万人加起来，就等于上述的 7.2 万人了[③]。我要指出，为了装备一支大型舰队，比 7.2 万镑还多的金钱被白白地花费了，使商人负担过多。我这里所说的辅助海员，是指当不去从事航海的时候，可以另就其他职业以维持自己的人员。同时，维持他们的经费固然每年需要 7.2 万镑，但是，由于上述理由，我认为这笔钱是很少的，或者简直等于零。所以，对人民说来，这是一项很轻的赋税。因为，它是由人民自己缴纳而又是用之于人民的。

在苏格兰采取用青鱼缴税的办法

在上面，我们建议在爱尔兰采取用亚麻缴税的办法，在英格兰采取用麻布及其他亚麻制品缴税的办法，同样地，我还认为，在苏格兰也不妨采取用青鱼缴税的办法——如同在爱尔兰用亚麻缴税那样。这样，三种税，即由亚麻、麻布及青鱼缴交的赋税，加上维持由三个兵种组成的武装力量和上述辅助海员所需的费用，合起来共为五项，总数达 100 万镑。征集这笔款项，对国家说不是花费 100 万镑，而是得到 100 万镑。除非由于所有上述

① 在 S 本中，由配第加添“不论有什么”。——赫尔

② 在 S 本中，由配第加添“3.6 万”。——赫尔

③ 在 S 本中，由配第加添“这样，3.6 万人、2.4 万人和 1.2 万人加起来，就等于上述的 7.2 万人了”。R 本中没有这一句。——赫尔

项目或是上述项目中任何一个项目之故而引起毛织品、铅和锡的出口减少，或者引起我们通过东印度贸易和西印度贸易运回的商品的出口减少，那就另当别论。因为，我认为，上述那些商品的出口，才是检验英国财富的试金石，测验这个王国健康的脉搏。

第三章

法国，由于天然而永久的障碍，不论现在或将来都无法在海洋力量方面超过英国人或荷兰人。①

适用于保卫英国的船舰的性能

海上权力，主要由能在海上作战的兵员和能够运载这些兵员在海面上进行活动同时又适用于航行各种海洋的船舰构成。这类船舰，在北方海面，应当是吃水深的、载重 300 吨至 1 000 吨、能够在海水中作较深地倾斜的船舰——也就是在逆风时能够行驶、在顺风时也不至于漂流的船舰；这些条件对海上活动说来，都是非常有利的因素。因此，就要考察一下，法国国王在北海方面（法国和英国②在这个海面所展开的每一次战争，都十分需要法国国王的舰队参加战斗），有没有不管气候如何，不论冬季和夏季，都能容纳上述船舰的港口。因为，如果法国国王不得不用小型、吃水浅、在顺风时容易漂流的船舰，来装运人数和英国或荷兰相等的战斗员出海的话，他必然要处于劣势地位。原因是，

---

① S 本及 R 本，没有“不论现在或将来”。在 R 本中，配第将“或荷兰人”改为“或低地各国”。——赫尔

② 在 S 本中，由配第加添“和英国”，R 本中没有。——赫尔

根据常识判断，一艘装载500人、载重1 000吨的船舰，如果和五艘各装载100人、载重200吨的船舰作战，不论进攻还是防御都处于更加有利的地位。大型船舰所搭载的大炮，能够从很远的地方打中小型船舰，而小型船舰是不能从这么远的地方打中大型船舰的，或者换一种说法，最低限度，它是不能从这么远的地方给大型船舰以某些损伤的；同时大型船舰能从远距离炮击小型船舰，并可将其击沉，而小型船舰却只能勉强将大型船舰打个小洞。

不仅如此，对兵员说来，从小船攀上大船，比由高处跳向低处要较为困难；同时，小炮击大船也不如大炮击小船那么有效。

此外，吃水深、因而在逆风时能够行驶的船舰，能够随意追上在顺风时容易漂流的船舰，把它抛在后面，并且没有被后者追近船舷的危险。不仅如此，在逆风时能够行驶的船舰瞄准在顺风时容易漂流的船舰，不单比在顺风时容易漂流的船舰瞄准在逆风时能够行驶的船舰更有把握，而且能乘在顺风时容易漂流的船舰转身的时机击中可能使它沉没的部位。

由于法国国王在敦刻尔克和阿善特[①]之间完全没有能容纳大型而能够逆风行驶的船只的港口，所以，能驶到这个海面的其他船舰，不会是大型的。至于布勒斯特和沙兰特[②]的海港面临

① 法国的港口之一，在布勒塔尼半岛的尖端。敦刻尔克和阿善特之间是指法国所面临的英法海峡的海面。——译者

② 布勒斯特是位于布勒塔尼半岛尖端的港口。沙兰特是法国西南部面临大西洋（比斯开湾）的一个城市，据说古代有港口。在S本、R本和G本中，原来都作布鲁阿奇(Brouage)；在S本中，由配第改为沙兰特。——赫尔

广大海洋的情况，也并不为法国国王提供在对付敌人方面处于有利的形势。因为，甚至在敌对双方都能互相望见的情况下，作战或是不作战，选择范围还是非常广阔的。

由此看来，即使法国国王拥有无穷的财富，能够随意建造任何数量或性能的船舰，但是如果他没有港口可以容纳或停泊种类和大小合乎他的作战要求的船舰，那么，就这种情况而言，他的上述的财富只是白白耗费掉，它只不过是得不到任何收益或利益的单纯花费而已。有的人认为，其他国家的人民不能建造英国人所建造的那样质量优良的船舰。现在确实希望他们无力建造这样船舰，不过，其他国家的人民通过实践和积累经验迟早会做到这一步的，所以，我不想持这种论调，我的目的只是想指出法国在这方面的障碍是天然而永久的这个事实。因为船舰和大炮是不能自行作战的，作战的是开动和操纵这些东西的兵员，所以更重要的事情在于指出，法国国王现在没有，也不可能有足够的兵员来配备力量可与英国国王的舰队相抗衡的舰队。

符合国防要求的海员的条件。法国海员的人数

英国国王的海军是由 7 万吨左右的舰只组成的，为了配置这支舰队，需要兵员 3.6 万名。这些兵员，大体上可以分为 8 类，在我看来，其中八分之一必须是对海上勤务有丰富经验并在这一方面有名声的人。还有八分之一必须是在海上服务达 7 年或 7 年以上的人；另外有一半即八分之四以上，必须是在海上服务 12 个月以上，以至 2 年、3 年、4 年、5 年以及 6 年的人。全部海员定额的四分之一可以由完全没有出过海，或者只航海

过一次或远征过一次的人来充任。所以，如果取其中数加以计算，那么，整个舰队的海员大体上必须是服役 3 年或 4 年的水兵。明智的作者、已故的弗尔尼埃[①]，曾把对世人说明法国国王在海上多么强大，以及为什么能够强大的问题，看成是自己的职责，他在他所著的《水路学》一书[②]的第 92—93 页中这样写道："布勒塔尼的一个地方曾向国王提供了 1 400 名海员；法国全部沿海地区大概能够向国王提供等于这个数目 15 倍的海员。"我们姑且承认弗尔尼埃的这种牵强的看法都是事实，但是他所说的法国海员的人数也只不过 2.1 万名。同时，即使法国放弃全部航海事业，那么，用这些海员，也只能配备可以和英国国王的全部舰队相抗衡的舰队的三分之一。如果还想勉强维持航海事业，则可以用来配备上远舰队的海员还不到所需的三分之一。

但是，如果法国的航海事业在经营规模上只及英国航海事业的四分之一，同时，它的三分之一，即纽芬兰海岸的渔业，又不是专属法国人所有，或者不那么固定地属于法国人所有，因此，我认为，既然(握有募兵权力的)英国国王尚且无法在两三个月之内给自己的舰队配备所需的海员，那么连那种辅助手段的四分之一都没有的法国国王就更加不可能做到这一点了。原因是，法国(如在别处指出的[③])的商船不超过 15 万吨，按每 10 吨有一个海员计算，则它的海员总数将不会超过 1.5 万人。法国国王目前无力为上述舰队配备所需的兵员，已如上述，那么，我

① Pere Georges Fournier，法国天主教神父。——译者

② 书名全称为《水路学，各路航线的理论和实践》，巴黎出版。——译者

③ 参看本书第 5 页。那里指出法国人拥有 10 万吨船只。——赫尔

们无妨指出，在天然而永久的障碍支配之下，他无论如何都不可能会允许下述情况出现。这情况就是 1.①如果整个法国用于经营航海事业的海员真的只有 1.5 万名，那可不能认为它应该放弃这种事业，也不能认为它应该从上述的 1.5 万名海员中抽出 5 000 多名，来配备需要 3.5 万人的舰队。

法国为增加海员所必须采取的方法。海员为什么厌恶住在陆地的人？法国人雇用英国海员的危险。怎样学会做优秀的海员

不足的 3 万名海员，必须用下列四种②方法中的一种加以补足。第一种方法就是把住在陆地上面的人编入海员队伍，但这种人一定不会超过 1 万人。原因是，海员如果不是自己的人占多数，他们就一定不会满意，他们既不会衷心地为居住在陆地上面的人祝福，也不会对由于居住在陆地上面的人共同出了一些力量而取得的一些成就表示高兴。海员是在悲惨的、充满痛苦而危险的劳动（但对国家社会说来，则是有益的劳动）中成长起来的，他们不能容忍在分战利品和收获物的时候，因居住在陆地上的人的参与而受到阻碍（或妨碍），抑或被迫于和居住在陆地上面的人平分。第二种方法是这样：依照我们的假定，还缺少海员 2 万名，这 2 万名海员，必须向其他国家招雇。但是，如果

① 原文中在“1”的后面一段没有“2”。——译者

② 说是有“四种方法”，实际上只叙述了三种。第四种方法是在下一段中叙述的。——译者

第四种方法似乎是叙述法国贸易的发展，见本书第 57—58 页。——赫尔

法国不支付高过商人所出的工资，如果所付工资不足以抵偿他们所冒的在被捕之后被本国君主处以绞刑，得不到饶恕的危险，这2万名海员是雇不到的。此外，他们的迁徙会受到限制和禁止，载运他们出境是困难的；同时，还应该考虑到，他们还会被加上背叛祖国和背叛大义的臭名。我认为，他们的工资必须比其本国君主付给他们的工资多一倍；同时，我认为也要充分保证他们最终不致受到雇主虐待和侮辱①（因为雇用他们的人是厌恶叛逆者的，尽管他们喜欢受他们雇用的人背叛祖国的行为）。但是，我认为，会接受这种引诱的海员，必定是海员中最卑鄙、最下流的分子，他们没有名誉观念和良心，以致完全没有资格叫人信任或做出光明正大的事。增加海员的第三种方法，是使大批住在陆地上面的人搭乘军舰进行实习，训练他们当海员，不过这种做法，不可能有多大效果。这不仅是因为有上述住在陆地上面的人和海员之间存在的反感，而且也因为如果工作上的需要不是大过船员过多的船舰的话，海员是不会全心全力地从事劳动和实习的。因为一艘有海员10名即能顺利驾驶航行的船舰，如果配备了50名海员，那么，40名的冗员就不会有所提高；但是，假如每10人中只有1名或2名冗员，那么，工作上的需要必定会迫使每个人从事工作，并且要不惜牺牲自己的生命来做好工作。不仅如此，海员大概每6个月或12个月换乘船种一次。他们有时乘小帆船航海，有时搭乘中型船只，有时又搭乘军舰。有时划驳船，有时驾独篷船，有时驾双篷船，有时又乘三篷船。他

① 在S本中，由配第加添了“和侮辱”。——赫尔

们有时开往南方，有时转向北方，有时沿海航行，有时横渡大洋。他们通过上述各种各样的勤务，利用各种机会，培养自己各方面的能力，因此，迟早会把自己锻炼成功。相反，搭乘军舰航行一个夏季的人，既不能进行上述各种各样的锻炼，也完全不会有从事任何勤务的直接需要。

法国航海业有无发展的希望？它不能发展的原因

再者，培养一个海员，平均说来，无论如何也需要三四年时间；同时，最少要有三名海员，才能够将一个一向住在陆地上面的人培养成为第四名海员。这样，由于法国只有1.5万名海员，即使花费三四年时间，也只能增加5 000名海员。除非法国的航海事业的发展同海员的增加保持相应的比例；那么，国王就必须从公共财产中拨出一笔钱来改进和发展航海业，但这是吃不消的。因此，现在剩下的问题，就是法国的航海业有无发展的希望。为了这个目的，需要考察以下几个方面。1.①法国国内储存着丰裕的谷物、家畜、葡萄酒、盐、麻布、纸张、丝绸、水果等各种各样的生活必需品。所以，法国人不怎么需要船只用来运进分量重、体积大的货物；同时，由法国输出的货物，除了葡萄酒和盐之外，也没有一种是体积大的。这两种货物的重量，每年在10万吨以下，其中需要船只运输的不超过2.5万吨，然而运输货物的这些船只，大部分是荷兰船和英国船。荷兰人和英国人不但已经掌握了航海业，而且不论是现在还是将来都比法国人

① 原文印有这个“1”字，这看来是多余的，可能是笔误或印刷错误。——译者

更善于维持航海事业。理由是这样的：1.法国人不能吃英国人和荷兰人那样低廉的伙食，而且也不能用那样少的人员驾船航海。2.法国人因为没有优良的海岸和港口，他们停泊船只所花的费用要比英国人和荷兰人多一倍。因为港口少，而各港口相互之间距离又长，所以同海运有关的海员和商人，在彼此通信和互相支援方面，不像别的地方那样容易、经济而有利。由上述各点可以得出以下结论：如果说法国的航海业不可能靠自己的力量发展的话，那么它更不可能把英国人和荷兰人从其所占有的世界的运输人的地位排挤出去；这么一来，法国人也就无法靠发展他们的航海业来增加他们的海员。所以，在前所列述的方法中，不论用哪一种方法，法国恐怕都不可能增加海员，同时，法国的港口又不适宜于容纳负荷重和在性能上只合乎其本身要求的船只；而且法国的港口适应能力也不如邻国的港口；根据这些理由，我认为，上述各点已经得到了充分证明。

前面提到的弗尔尼埃，在他所写的《水路学》第92—93页中，极力想证明同上述各点相反的论点。我认为读者可以参看一下那段文字，不过就目前所讨论的问题而言，完全没有必要重视他的论点。诚然他作了比较，但是，他不是拿法国人同英国人或荷兰人作比较，而是拿法国人同西班牙人作比较。不论西班牙人或他们的皇帝（他在争夺海上霸权方面比法国国王处于更加有利的地位），在海军方面都未曾取得一些出色的成就。虽然他们曾一再努力，但都没有成功。同时，如果英国的许多邻国的障碍不是天然和永久的——就像我们所说的阻碍法国国王的那些障碍那样，那就很难令人相信，英国国王能够长期地对其邻国（这些邻国力图夺取"狭海[1]霸王"这个称号）继续保持"狭海霸王"这个称号。

① 狭海（Narrow Seas），大不列颠和爱尔兰之间的海峡和英吉利海峡的统称。——译者

第四章

英国国王所有的人口和领土对财富和力量所具有的重要意义，就天然情况[1]而论，同法国所有的人口和领土大体相同。

关于英国和法国领土的比较

《英国现状》[2]一书的作者，在该书中叙述了许多有益的真理和观点，其中，他说英国和法国领土的比例，是30∶82。如果这个比例是正确的话，那么，英格兰、苏格兰和爱尔兰加上所属各岛屿，面积大致和法国相等。我本来应当利用这个机会证明上述比例不符合事实，不过现在姑且承认它，并且假定：英格兰、苏格兰和爱尔兰及前述各岛，再加上纽芬兰、新英格兰、新尼德兰、弗吉尼亚、马里兰、卡罗林纳、牙买加、百慕大、巴贝多斯等殖民地和加勒比海群岛等地方，以及国王在非洲及亚洲的所有属地，这一切领土全部加在一起[3]，也没有法国本土及法国国王在

---

① 在S本中，加添“大体”，并把“天然情况”一词部分擦去。——赫尔

② 爱德华·张伯伦（Edward Chamberlagne）：《英国现状》一书写道：“英国的面积同法国相比是30∶82。”见该书1672年版，第251页。——赫尔

③ 在S本中，由配第加添“国王……加在一起”。——赫尔

美洲的殖民地那样大[1]。假如有人出于法国的利益对上述估计提出异议,但是我却愿意无视我的理解和判断,把法国国王的领土估计为比英国国王的领土大七分之一、六分之一或者五分之一。不管怎样,我一直相信:两国国王拥有领土之广大,即使他们最大限度地加以利用,也用不完。

关于放弃爱尔兰和苏格兰高原地区的提案

在这里,请允许我在准备加以认真讨论的事项中,穿插一段滑稽,同时也许是可笑的题外之论。我的确希望读者不要把它看成是一个正经的提案,相反,应该把它看成是一个梦想或者空想。这个提案提出可否把爱尔兰和苏格兰高原地区的一切动产和居民迁移到大不列颠帝国的其他地方去;它认为,如果这样做,国王和他的臣民,不论在进攻还是防守方面,都将比现在更加富强。

当许多英明人士叹息英格兰人因预防和镇压爱尔兰人多次掀起的叛乱而蒙受巨大损失的时候,当他们认为英国国王和臣民 500 年[2]来为爱尔兰所做的事情和所蒙受的苦难,几乎没有得到丝毫好处的时候,我的确听到他们表达过下面的意见。我的意思是说,我曾听到英明人士(十分忧郁地[3])表示过这种希望:(只要爱尔兰人民被拯救出来,)不如干脆让爱尔兰岛沉到海底去。但是,对于这个问题,我自己的心灵也曾发生过一些不

---

① 在 S 本、R 本中,原作为"超过",后来 S 本又改为"那样大"。——赫尔
② 在 S 本中,配第将"400 年"改为"500 年"。R 本为"500 年"。——赫尔
③ S 本作"忧郁地"。——赫尔

安，经过一段烦恼以后，我产生了这样一个梦想。这就是，不把多山的爱尔兰岛沉到海底去，英明人士们所希望的那种好处也是会得到的。而且，我认为，把多山的爱尔兰岛沉到海底，并不是那么容易的事。因为，荷兰的工程师也许确实能够把沼泽排干，但是，我却没有听说过有能够把群山沉到海底去的技术专家。英明的学者们(其中包括托马斯·莫尔和笛卡尔[①])，曾经说过这样的话：自以为清醒的人，其实是在做梦，或是可能在做梦。梦这东西最不合理的地方，在于它不过是现实事物的荒谬的和杂乱的组成物。所以，我恳求这里提到的伟人们对于我的粗浅想法给予指正。我愿意接受所有能够证明自己是清醒的人们比较高明的判断。

假如英格兰只居住一个人的话，那么，全部土地的收益只不过供应这一个人的生活。但是，假如增加一个人的话，全部土地的地租或收益就增加一倍；假如增加两个人的话，土地的收益也就增加两倍。这种递增一直进行到这个地方的人口增加到整个土地所能养活的最大限度为止。因为，假如有人想知道某块土地价值多少，那么，正确同时是理所当然的问题就必定是，这块土地能养活多少人？多少人靠这块土地养活？更具体地说，一块面积相等、土质相同的土地，在英格兰的售价一般要比爱尔兰贵4倍或5倍[②]，但是却只有荷兰售价的四分之一或三分在一，

① 笛卡尔：《第一次沉思》，《笛卡尔文集》第1卷，古辛1824年版，第237—239页。配第是否想到，乌托邦的故事是在说梦的外衣下叙述的？——赫尔

② 在S本和R本中，“3倍或4倍”，在S本中改成“4倍或5倍”。——赫尔

因为，英格兰人口相当于爱尔兰的4倍或5倍①，但却只有荷兰的四分之一。不仅如此，在地租因人口众多而上涨的地方，土地财产依以计价的年租数目亦会增加，虽然后者的增加并不一定同前者的增长保持着恰恰相等的比例。因此，在爱尔兰每年提供20先令收益的土地，只值8镑，而在土地所有权十分有保障的英格兰却值20镑以上，而在荷兰所值则超过30镑。②

假定爱尔兰和苏格兰高原地区，人口约有180万人，即大约等于三个王国人口的五分之一。这样，首先就要提出下面这样的问题：英格兰、威尔士和苏格兰的低洼地区，靠着和上述五分之一人口目前在他们的居住地区所支付的劳动相等的劳动，能不能为比现在居住在这些地方的人口多五分之一的人口提供所需的食物，即谷物、鱼鲜、食肉以及家禽呢？如果能够提供这些食物，上面的提案自然是可行的。其次要提出的问题就是，不动产的价值（这些不动产在人口作这种移动时必然要遗留下来的）究竟有多大？因为，如果这些不动产的价值少于英格兰的土地价格的增长总额的话，那么，这个计划就有考虑的余地了。又如果被放弃的土地和遗留下来的不动产能卖成现钱的话，或者换一句话说，如果别的民族对这些土地和不动产不支付相当代价就不敢染指，同时，被允许迁到这些地方的民族，不能像以前那样加害或困扰移居到英格兰来的居民的话，那么，我认为，这个

① 在S本和R本中，为"4倍"。——赫尔

② S本作"30镑"，而1691年版则为"3镑"。——赫尔

计划的确是一个既有趣又有益①的梦想。②

英格兰和苏格兰的低洼地区可以养活英格兰、苏格兰和爱尔兰的全部人口

第一个问题是，英格兰和苏格兰的低洼地区，能不能养活比他们现在所供养的人口多五分之一的人口，（换句话说，）能不能养活总数达900万的人口？为了答复这个问题，我首先要指出：英格兰和苏格兰低洼地区的面积，约达3 600万英亩，就土地同人口的比例而言，包括男、女和儿童在内，平均每人有4英亩；但是，在荷兰、西兰及其他各邦，每个人所有的土地平均都不超过1英亩半；同时，英格兰本身如果把威尔士除外的话，由耕种和农业的现有状况看来，每个人所有的土地平均也只有3英亩。但是，如果我们考虑到尽管英格兰平均每人只有3英亩土地，然而它的食物还是很丰足的，并且它制定了法律禁止从国外运进家畜、鱼鲜、食肉；同时，我们又看到地主们对排干沼泽，改良森林，围圈公地，种植蚕豆和三叶草③这些措施表示不满，他们认为，这些措施压低了食物价格。如果我们考虑到上述这些情况，

① 在S本中，由配第加添“而且有利”。——赫尔

② 配第在《爱尔兰论》（1687年）一书中，又重述了这个有趣而且有益的梦想。——赫尔

③ 尽管鼓励种植三叶草、蚕豆和苜蓿，但一直到18世纪为止，并未产生实际效果。参阅肯宁汉：《近代英国工商业的发展》第2卷，第183页；罗杰士（Rogers）：《英国农业和物价史》第5卷，第59、62页。另外，奥布里（Aubrey）（在1685年以前）写道：“备忘，现在在大部分宜于种植蚕豆的地方，蚕豆的种植面积增加很多。”奥布里：《魏尔特郡自然史》，布里顿（Britton）编，第十章，第11页。——赫尔

那么，显然会得出以下的结论。这就是，如果说经过改良的土地用不到 3 英亩就足够维持一个人的生活的话，那么，有 4 英亩土地就是够而又够了。这里，我把能够生产足可供应 900 万人食用的面包、酒、谷物和食肉、牛油及乳酪等食品(这也像轮船和普通家庭供应这些人所需的食品一样)的土地的切实亩数指出来，并不是不可能的。不过，这里我只想大略指出亩数。这就是说，假如球根类作物、水果、家畜和鱼鲜以及铅、锡、铁矿和森林所提供的一般收益可以补足人们所担心的缺乏的话，那么，只要有 1 200 万英亩土地即 3 600 万英亩的三分之一的土地，就可以解决问题。

所有被放弃的土地和不动产的价值以及迁移费，总共不超过 1 700 万镑

关于第二个问题，我认为，爱尔兰和苏格兰高原地区的土地和房屋，按目前市场价格估计，所值不到 1 300 万镑，同时，为实行上面所建议的迁移所需要的实际经费，也不超过 400 万镑。如果这样，那么，就要提出这样的问题：从这种迁移上面可能得到的利益，会不会超过 1 700 万镑呢？

对这个问题，我的答案是，这项利益大约可能达到上述数目的 4 倍①，即大约为 6 930 万镑②。理由是，假如英格兰、威尔士和苏格兰低洼地区的全部地租每年大约为 900 万镑，又假如这

① S 本把“6”改为“4”。——赫尔

② S 本把“超过 7 200 万”改为“大约为 6 930 万”。——赫尔

些国家的人口再增加五分之一的话，那么，地租就会是1 000.8万镑[①]，同时年租数也将增加五分之一，由现在的17年半增加为21年。因此，现在每年只提供900万镑收益的土地，如果年租数是17年半的话，它的价格就是1.57亿镑；如果它的收益是1 080万镑，年租数是21年的话，那么这块土地的价格就是2.268亿镑。换句话说，这块土地的价格比以前上涨了6 930万镑。

购买爱尔兰的人会削弱自己

如果某一个国王想扩大自己的领土，而乐意对这块被放弃的土地（其价值估计为1 300万镑[②]）支付650万镑以上的代价[③]，即乐意支付这块土地目前售价的半数以上的代价的话，那么，全部利润就会超过七千五百[④]八十万零六百镑[⑤]，也就是超过上面所估计的损失的4[⑥]倍。但是，如果有人认为把爱尔兰卖给外国，对英格兰将会造成一种危险因而加以反对的话，我将简单地这样答复：那个国家（由于上述购买而分割出去，）不论被谁买去，则它所能给英格兰带来的烦恼，绝不会甚于它目前处于统一状态下所给英格兰带来的烦恼。同时爱尔兰和英格兰的距

① 下文为1 000.08万镑。——译者

② S本、R本原为“1 000”，后来S本改为“1 300”。——赫尔

③ S本把“支付700万镑以上”改为“支付650万镑以上，即支付目前售价”。R本为“支付300万镑”。——赫尔

④ S本、R本原为“7 200”后来S本改为“7 500”。——赫尔

⑤ 原文为7 580.06万镑，这个数目，是前述英格兰地价增长额6 930万镑和苏格兰高原地区的地价及不动产价格的半数（650万镑）三者的合计数字，故实际上为7 580万镑，这里说7 580.06万镑，不确。——译者

⑥ S本、R本为“或6”，后来，S本改为“超过4”。——赫尔

离也不比法国或弗兰德斯和英格兰的距离更近。①

假如有人希望对土地的地租如何和通过怎样的方法，因上述的人口密集而趋于上涨的问题，作比较明晰的说明的话，我就作这样的回答：这个利益是由于把 180 万左右的人口从穷困而艰辛的农业转移到更加有利的手工业产生的，原因是，在现有人口增加五分之一的情况之下，只要对原有土地稍微多做一些耕作，就会比原来多生产五分之一的食物，这么一来，新增加的人手由于从事其他某些职业，每年可以挣到 40 先令。（这个数目完全可以挣到，不②，甚至每年可以挣到 8 镑。）这项盈余收益，每年会超过 360 万镑，如果年租数为 20 年的话，那就是 7 000 万镑③。不仅如此，城市和城镇的居民是比住在荒凉而人口稀少的地方的人们，花用较多物品，消费较大的；同样，如果英格兰人口由于上述方式而更加密集的话，那么，原有的居民就会比他们过着鄙吝得多、粗劣得多的生活和住得分散得多的时候，也就是相互会面、互相观察，甚至互相鼓励的机会都少得多的时候，要消费更多的物品。因为不论是谁，当他在人前出现的时候，总要比完全没有机会被别人看到的时候，更加想穿美观的衣服。

此外，我还要补充一点，那就是，行政上、军事上及宗教上的统治所需要的经费，人口较为密集的状况比人口较为稀疏的状况，要来得低微、节省而且有成效。这不单从道理上说是这样，

① S 本中，配第加进这一句，R 本没有。——赫尔

② S 本、R 本中，没有这“不”字。——赫尔

③ 在 R 本中，“7 000 万”被改为“7 200 万”。在 S 本中，则作“7 000 万”。——赫尔

联合各邦的实际例子也证明了这一点。

英国和法国幅员的差别，并非重大问题

但是即使我们把上述全部题外之论看成是一个单纯的梦想，我认为，它却有助于证明下述的事实：这就是，虽然英国国王的领土比法国国王的领土稍见狭小，但是两国的人口都不过剩，因此，这种领土面积的差别对当前问题说来关系并不重大。从这个观点说来，我认为，在领土的问题上几乎完全不存在对法国国王有利的地方。下面再来讨论和比较这两国国王所统治的臣民的人数。

《法国现状》一书估计，这个王国分成 2.7 万个教区。自称对法国教会和圣职人员的状况有所研究的一位有真实学问的作者写的另一本书认为，在法国一个教区里居住 600 人是很特殊的情况。因此，我估计这位作者不会（他对这个问题颇有研究）认为每个教区平均居住人数会超过 500 人。这样算来，法国的全部人口①大约为 1 350 万人。根据教区数目，——一般说来，新教教会统治的地方每个教区的人口，比天主教统治的地方要多，——同样，根据炉税、人头税②及国内消费税的税额来估计，英格兰、苏格兰和爱尔兰以及附近各岛屿的人口，大约为 950 万人。③

---

① 《法国现状》第 455—466 页印有一份除阿密安、南特以外的所有纳税区的详表。其中详列每个纳税区中的教区数目。它估计教区数目为 2.458 万个。——赫尔

② G 本为“邮税”。

③ S 本和 R 本原为“900 万”，后来 S 本改为“950 万”。——赫尔

在新英格兰，被征召入伍的人大约为 1.6 万人①，能使用武器的人大约为 2.4 万人②，由此推算，全部人口约为 15 万人③。我认为，这个殖民地连同其他地方的殖民地即亚洲、非洲及美洲的殖民地一起加以估计，全部人口无论如何也有 50 万人④。不过，最后这一点，还是让大家去推测吧。所以，我认为，英国国王在全球一共拥有臣民大约 1 000 万人，而法国国王，则有如前面所述，共拥有臣民大约 1 350 万人。

了解各国国王所拥有的臣民人数固然非常重要，但是，如果涉及臣民的财富和力量问题，那么，了解他们之中有若干人收入多于支出，若干人入不敷出，也同样是非常重要的。

总之，法国国王实际上只有臣民 1 300 万人，而英国国王则有臣民 1 000 万人。法国国王有神职人员 2.7 万⑤人，而英国国王只有神职人员 2 万人。此外，英国国王有海员 4 万人，而法国国王只有海员 1 万人

因此，应该考虑的事情就是，在英国国王的治领中，神职人员不到 2 万人；而在法国，据上述法国作者（他列举了各教派的数目）的推断，大约有 27 万人，这就是说，比我们认为实际需要

① S本、R本和G本原作“5 万”，后来S本改为“1.6 万”。——赫尔

② S本、R本和G本原作“8 万”，后来S本改为“2.4 万”。——赫尔

③ S本、R本和G本原作“50 万”，后来S本改为“15 万”。——赫尔

④ S本和R本原作“下余的所有殖民地无论如何也有 50 万人以上”，而在S本则改为“这个殖民地连同其他地方的殖民地即亚洲、非洲及美洲的殖民地一起加以估计，……无论如何也有 50 万人”，“以上”二字被删去了。——赫尔

⑤ 根据正文，这里 2.7 万人显系 27 万人之误。——译者

的人数多出25万人，换句话说，有25万人离开了世俗社会。这些成年的、身强力壮的人的数目差不多等于人数相等的包括男女老少在内的各种人的2倍。这个作者又说，上述宗教界人士平均每人每日大约花费18便士，这个金额相当于一个劳动者所需要花费的3倍。

根据以上的道理看来，上述25万神职人员，(只要他们维持现有的生活水平不变，)会使法国国王的1 350万臣民①减少到不到1 300万人。② 假如，住在岛国上的10个人也和住在大陆上的13③ 个人一样都能同样地保卫自己，那么，从所发挥的力量而言，上述10个人(他们没有通过侵略别人来扩大自己的领土的意图)，也就④和13⑤ 个人并无不同。这样说来，英国能发生过人作用的人，要比法国来得多。也就是说，英国能获取盈余收益的人，要多过法国。理由有如下述：

---

① 在S本和R本中，原为"实际上减到1 200万或与此相近的人数"，后来在S本中，改成"不到1 300万"。——赫尔

② 在S本、R本和G本中，原来有下面一段文字，后被删去。不过在S本中仍可认得出来："其次，应该考虑的是，法国内地的居民因远离海洋，恐怕不可能得到多大的盈余收益。如果在英国国王的领土上比在法国国王的领土上多住200万人，而且他们所挣的超过他们所消费的('挣'这个词是配第改的，因为这一次，原来的词就看不清了。R本和S本都作'挣'。——赫尔)，就是说，如果英国的10个人比法国的12个人挣得更多的话，那么，英国臣民在获得财富方面，和法国臣民具有同等能力。"本段中一句词的更动表明配第最先想保留它，以后才决定把它删去。这一段话在Sloane手抄本中有。——赫尔

③ S本、R本原作"12"，后来S本改为"13"。——赫尔

④ "也"是与本页注②被删去的获得财富的论述相联系的。——赫尔

⑤ 同注③。——赫尔

神职人员多，使法国国王的人民减少；海员和水兵多，使英国国王的臣民增多

在英格兰、苏格兰、爱尔兰以及国王的其他属地，有4万名①以上的海员；而法国海员的人数则只有这个数字②的四分之一。但是，一个海员的收入等于3个普通农民。因此，在计算英国国王的臣民的人数时，如果把这种海员人数上的差额考虑进去的话，则这种差额毋宁是一种利益，它等于多了6万③名农民。

英格兰、苏格兰和爱尔兰以及英国国王的其他一切领土，共拥有船只60万吨，约值450万镑。同时，维持英国船只（靠建造新船和对旧船加以修理来维持的）所需的经费，每年约为上述金额的三分之一④，这笔经费相当于15万农民的工资，但比一切种类的船只所雇用的工匠的三分之一⑤以上所拿到的工资要少。这些工匠包括：造船匠、船缝嵌工、细木工、雕刻工、油漆匠、船台制造工人、制绳工人、造桅工人、各种铜铁匠、制旗工人、罗盘针制造工人、酿酒工匠、烤面包工人和其他各种食品的供应者，以及同枪炮及枪炮用品有关的各种工匠。由于上述原因，在英格兰等地，这些工匠比法国多3倍，他们等于8万多名农民。

① S本和R本原作“英格兰、苏格兰和爱尔兰约有6万”，S本以后改为“国王的其他属地”，并将“6万名”改为“4万名以上”，G本则作“60万”。——赫尔

② S本、R本原作“大约”，S本后来改作“不超过”。——赫尔

③ S本和R本原作“相当于9万名农民”，S本改为“6万名”。——赫尔

④ S本、R本、G本都作“三分之一”。——赫尔

⑤ 1691年版作“二分之一”。——赫尔

因此，在计算英国国王臣民时，应该把这项数目加进去。

英国国王所属的领土，实际距离可通航的海面只有12英里；而法国国王所属的领土则距离可通航的海面达65英里。英国木材买卖的衰退，并不是那么可怕的问题

英格兰、苏格兰、爱尔兰及其周围岛屿，海岸线长达3 800英里。根据这样长的海岸线和全部面积的亩数看来，英国国土大概是长3 800英里、宽约24英里的长方形或者平行四边形。所以，英格兰、苏格兰和爱尔兰的任何一个地方，离海面都不到12英里。而法国海岸线长1 000英里，如按照同样方法计算，法国各地离海边大约有65英里之远。如果把法国缺乏港口的情况（这和英国国王的领土有很多港口恰成一对照）考虑在内，那么法国各地就要离海港70英里。根据上述原因，英国显然可以比法国远为低廉地（每百先令约便宜4先令）得到外国种植和外国制造的笨重商品的供应。由于英国和法国距离港口远近不同，因此，在陆路运费方面，英国同法国也有相同程度或与此近似的差异。[①] 那么，有了上述的便利条件，究竟能够从笨重粗大商品的输入和输出方面得到多大的利益呢？至少不会少于100万人的劳动量吧！这里所谓笨重粗大的物品，是指各种木材、木板、制桶用的木板、所有建筑用的铁、铅、石块、砖、瓦、各种谷物、盐、

① G版本作“由于（英国和法国之间）距离港口远近不同，这种不同形成相同程度或与此近似的差异，即在陆路运费方面每年要便宜4先令以上”。——赫尔

酒、鱼、肉以及其他一切物品;在这些物品上面,每 100 先令收益 4 先令或亏蚀 4 先令,都是关系重大的。同时还应该注意到,同一种酒,在法国内地 1 吨卖 4 镑或 5 镑,而在靠近海港的地方却卖 7 镑。不仅如此,按照这个道理说来,英国木材买卖的衰退并不是那么可怕的事情,伦敦的重建和在同荷兰作战中失去的船只重新建造,都清楚地说明了这一点。同时,只要英国的气候对作物的生长不是普遍不宜——这种情况很少,或者几乎没有——谷物及其他必需食物就不会发生不足。因为,常常有这种情况:同一个原因在一个地方造成饥馑,而在另一个地方却引起丰收,比如,多雨的气候虽然有利于高原地区,但却会给低洼地区带来涝灾。

据观察,法国贫民的工资一般比英国贫民的工资低,同时法国贫民的食物一般也都比较贵。如果确是这样,那么,英国所具有的特别有利条件,恐怕要多过法国。换句话说,英国所得到的盈余收益,谅必会多过法国。

英国国王的臣民和法国国王的臣民消费水平大致相同

最后,我希望曾经旅行过英国及法国的人们考虑一下下面的问题。这就是,英国的平民(因为平民在任何国家都是占大多数)比法国的平民,是不是多消费六分之一?如果是这样的话,那么,英国平民就必须首先取得这一部分;这样一来,英国国王的 1 000 万臣民实际上等于法国国王的 1 200 万臣民,整个说来,实际上等于法国国王的臣民 1 300 万人(估计数字)。

法国国王比较豪华[①]这一点，绝不能证明法国人民拥有较多的财富

在这里，可能有人提出异议说，法国国王不是比英国国王显得更加奢华、更加阔绰吗？因此，法国的财富一定会相应地比英国的多。但是，并不能得出这样的结论。这是因为，国王外表上的威势，取决于国王所征收的赋税占人民财富的几分之几，假如两国人民同等富有，一个国家的统治者征收人民财富的五分之一，另一个国家的统治者征收人民财富的十五分之一的话，那么，后一个国家的统治者就显得比前一个国家的统治者富裕3倍。可是，两国的财富是实际上相等的。

英国同法国对外贸易的比较

上面就英、法两国的领土、人口、特殊有利条件及领土防卫的难易等问题作了说明，此外，在讨论船只、航海及两国港口远近的同时，也就两国的贸易作了某种程度的说明；下面，我们还要就两国的贸易，作进一步深入的讨论。

有人估计，全世界人口不超过3亿。究竟是不是这样，这并不是一件非知道不可的重大事情。不过，我有明确的根据可以推测（同时，我也很希望能够了解得更确实一些），同英国人和荷兰人通商的人口，有8 000万人之多。据我所知，没有一个欧洲

① 原文作Spendor，正文作Splendor。正文正确，这可能由于印刷错误所致。——译者

国家不直接或间接地同英国人或荷兰人有商业往来，所以，正如上面所述，整个商业界或贸易界，是由 8 000 万人组成的。

此外，我还估计，这 8 000 万人每年互相交易的全部货物的价值，大约有 4 500 万镑。但是，每一个国家的财富，与其说来自经营日常的食肉、酒饮及衣服等商品的国内贸易，——它几乎不能运进金、银、珠宝及其他一般财富，——毋宁说主要来自他们在同全体商业界进行的国外贸易中所占的份额。所以，我们必须考察，英国国王的臣民，在同全体商业界所作的国外贸易中，按人口计算，是不是比法国国王的臣民占较大的份额。

根据为这个目的而做的考察的结果看来，英国每年运往世界各地的羊毛制品，即各种各样的毛织品，包括哔叽、呢绒、棉织品、粗呢绒、薄斜纹哔叽、粗绒、柏碧绒①以及袜子、帽子、地毯等，——这些都是从英格兰、苏格兰和爱尔兰出口的，——每年达 500 万镑。

铅、锡和煤共值 50 万镑。

运往美洲的各种衣服、家庭用品等商品，共值 20 万镑。

从西班牙人那里得到的黄金和白银，共值 6 万镑。

从美洲南部各地运来的砂糖、蓼蓝、烟草、棉花及可可，共值 60 万镑。

从新英格兰和美洲北部各地运来的鲜鱼、烟斗棍、桅木、海狸皮等物品，共值 20 万镑。

从爱尔兰输出的羊毛、牛油、兽皮、动物油、牛肉、青鱼、鲱鱼

① 在 S 本中配第加添了“柏碧绒”。——赫尔

及鲑鱼,共值 80 万镑。

从苏格兰和爱尔兰运出的煤、盐、亚麻、棉纱、青鱼、鲱鱼、鲑鱼、麻布及麻线,共值 50 万镑。

从东印度群岛运出的硝石、胡椒、洋布、金刚石、药材及丝绸,除去英国消费部分,共值 80 万镑。

为了供我们在美洲的殖民地使用而从非洲运去的奴隶,共值 2 万镑。上述各项数字,加上在外国各地营业的英国船只的运费 150 万镑,总共为 1 018 万镑。①

上面的计算数字,根据 3 个王国的关税收入看来,是十分正确的。据估计它的实际价值(intrinsick value)每年平均大约为 100 万镑,其中包括以下各项:缴纳给国王的占 60 万镑,支付征收费以及其他支出的占 10 万镑,被商人走私占去的占 20 万镑,为捐税承包人挣去的占 10 万镑。(后三项数字是依据一般人意见和大家看法估计的。)这个数字,和我所估计的英国国王的臣民在世界贸易总额中所占的比例(或份额),也就是在 4 500 万镑中大约占 1 000 万镑,也是符合的。

但是,运进英国的法国商品的价值(虽然目前存在着几种估计②),每年不超过 120 万镑③,同时,他们运往世界其他各地的

---

① G 本删去了这两段有关美洲出口额的价值的叙述,但它仍把英国的对外贸易额估计为 1 018 万镑。——赫尔

② 在 S 本、R 本、G 本中作"福特雷氏估计"。在 S 本中,这一句被改为"目前存在着几种估计"。关于配第的估计所根据的来源,参看本书第 14 页注②。——赫尔

③ 福特雷曾这样说过:在 1663 年不久以前,依据旨在要求禁止法、英贸易而送给法国国王的"贸易细则"看来,英国每年从法国进口的商品价值,比它对法国的出口多二百六十万镑。福特雷:《英国在商品和贸易增长方面的利益和进展》。载于惠特瓦茨:《文集》第一卷,第 21 页。——赫尔

商品的价值，也不超过这个数字的3倍或4倍。这个估计也和我们从法国海关得来的数字完全符合。所以，法国的出口额只有英国出口额的一半。同时，法国所有的商品，[①]除了葡萄酒、白兰地、纸张及服装的最新样本和式样以及家具（这些商品都是法国的特产）之外，英国人都能仿制，同时，法国人口又比英国多，因此可以得出结论：按人口平均计算，英格兰等地的人民所掌握的对外贸易，等于法国人民的3倍，他们掌握着整个商业界贸易的九分之二和全部船只的七分之二。尽管存在着上述这些事实，还是不能否认，法国国王和法国的某些伟大人物，比英国的同类人物，显得更富有、更豪华。这种情况，与其说是出自他们的财富和力量的固有和天然的原因，毋宁说是法国的统治的性质所造成的。

① 原文在这里有一个开括弧，显系多余，这可能出自印刷错误。——译者

第五章

阻止英国强大的各种障碍，只是暂时的和能够消除的。

英国的领土的分散状况，是阻碍它强大的一个障碍。立法机关的分立，是另一个障碍。英国的各殖民地，对这个帝国来说是一个负数

我认为，阻碍英国强大的第一个障碍是，它所属的领土过于分散，它们被海洋分割成许多岛屿和国家，不，应该说，分割成许多王国和各种各样的政府。这就是说，在英格兰、苏格兰和爱尔兰，存在着三个完全不相关联的立法权力机关，这三个岛国彼此之间，不是互相团结，而是常常妨碍各自的利益，封锁或阻碍对方的贸易，彼此之间不单简直像外国人一样，而且有时甚至像敌人一样。

其次①，哲尔济岛、格恩济岛②和曼岛③处于既和英格兰不

① 在R本中，这一整段是配第在栏外添加进去的。——赫尔

② 哲尔济岛(Jersey)、格恩济岛(Gernsey，现在的法文名是Guernessy)，英格利海峡中的群岛，现属英国管辖。——译者

③ Isle of man，或译人岛，爱尔兰海上的一个岛，处于英格兰康伯令(Cumberland)海岸和北爱尔兰之间。——译者

同也和苏格兰或爱尔兰不同的司法权力管制之下。

再者，新英格兰政府（行政和宗教两方面）和陛下其他领土的政府十分不同，因此很难说，它今后将怎样转变。

此外，其他殖民地的政府也都和其余任何地方的政府大不相同。所有这些差异既然不是由位置方面、产业方面及人口状况方面天然存在的具体原因造成的，那么，为什么还保持不动呢？

上述这一切原因产生了下面的结果，这就是，分得很细小而且相距很远的许多政府几乎无力自卫，因而，保护这些殖民地的负担，不能不落在宗主国英国的肩上。因此，所有这些比较小的王国和领土，对英国说来，不但不是正数，而且实际上是负数。但是①，这两个负数是可以通过组织两个大议会，即一个由国王选派，另一个由人民选出，可以平等地代表整个帝国的两个大议会，得到补救。国王的财富可分为三部分，其中第一部分是他的臣民的财富，第二部分是他从他的臣民的财富中征收的摊派，这是人民为了共同的防御、公众的荣誉和体面，以及为了经营一个人或几个私人的资力所不能经营的旨在促进共同福利的事业，而献给国王的。

第三部分的财富，是属于上面所举的摊派的一部分，这一部分财富，国王可以根据他的个人爱好和高兴加以处理，而不必提出报告②。这样看来，各个王国和司法权力方面的前述距离和

① 在S本中，由配第加添："但是，……是可以……得到补救"。R本则没有。——赫尔

② S本添加了"不必提出报告"。R本则没有。——赫尔

差异，对上列各种财富构成严重障碍，是极为明显的。这一点，从下述各点，可以看得出来。第一，一旦和外国发生战争，英国照例要担负全部责任和全部经费，结果使英国许多工作半途而废。

第二，英格兰常常禁止爱尔兰或苏格兰的商品进口，例如它最近就禁止爱尔兰的家畜、鲜鱼、食肉进口①。这不单使英格兰的食物以及劳动涨价，而且迫使爱尔兰人向法国、荷兰及其他国家购进那些原来从英格兰购进的商品。这种做法对这两个国家说来，都是很大的损失。

第三，这种情况在对通过这几个国家的境界的商品征收关税方面引起了一些不必要的麻烦和开支。

第四，这种情况对我国的巴贝多斯及美洲其他各地的贸易来说，也构成一种损害。因为本来应该从那些地方直接运往世界各地并以相当低廉的价格在那些地方出售的货物，现在必须先把它运到英国，办理完税手续(一旦手续完了)，然后再运往本应直接运往的国家。

第五，哲尔济岛和格恩济岛的防卫费尽管是由英国担负，但是，这两个岛的人民(为数很多)的劳动和勤勉却大部分变成法

---

① 见《爱尔兰的政治解剖》，第30页注①。——赫尔

查理二世15年(1663年)，英国政府颁布一项法律(即同年第七号法令)，对从爱尔兰进口的家畜征收进口税，以示禁止。两年之后(即1665年)，又有人向下院提议全面禁止外国家畜进口，配第曾极力加以反对。但是，三年之后(即1668年)英国政府又颁布二项法律(即查理二世18年、19年第二号法令)，全面禁止外国家畜、食肉和鲜鱼进口。赫尔在上项注解中主要介绍这些法令提出和配第反对这些法令的经过。这里赫尔所指的第160页，应为其所编的《配第文集》第1卷第160页。——译者

国人的利润。

第六,新英格兰有数量庞大体强力壮的英格兰人,他们主要被雇用来从事农耕和农业中最下贱的工作(即饲养家畜)。但是,爱尔兰是可能容纳所有这些人的。即使它无法把他们安置在比他们现在所从事的职业好一些的职业上面,但在最坏的情况下,它能够给他们提供土地,让其耕种,条件要比他们在美洲得到这些土地来得优越。

第七,其他殖民地的人民固然栽培着在英国生长得不大好的作物,但是,由于贪图过于庞大的土地,而这么大的土地除足可生产充分数量的上述外国作物以供应全世界的需要之外还有多余,因此,他们徒然地为自己努力的成果伤脑筋和受窘。

第八,这些人分散地居住在远隔而广阔的土地上,在统治和保卫上所需的经费,要比他们紧密地居住在一起并不受大风、气候及其他一切海上意外事故威胁那种情况,无疑来得多。

对于最高权力、议会的特权、普通法和平衡法、行政上和宗教上的司法权的理解,纷纭不一。关于爱尔兰的最高立法机关等方面的问题

阻止英国强大的第二个障碍,就是对于一些重大问题,即对国王最高权力、议会的特权、普通法和平衡法之间究竟有何不同,以及对行政上和宗教上的司法权力之间究竟有何不同,理解纷纭、意见不一。同时,还存在着英格兰王国是否对爱尔兰王国拥有支配权的疑问。不仅这样,还存在着这种不合理的现象,那就是,依据法律奉派前往镇压爱尔兰叛乱的英格兰人,在完成了

任务以后，却被剥夺公民权（不论现在和过去，事实都是这样），丧失以往在英格兰享有的立法上的权利，同时他们还要像外国人一样对自己在爱尔兰所消费的一切东西缴纳关税，而他们本来是为了英格兰的荣誉和利益奉派到爱尔兰那里去的。

由于施行杂居和移民工作有缺点，因此也就不存在理所当然的团结

第三个障碍是，爱尔兰是个被征服的国家，那里的爱尔兰土著居民还不到住在这两个王国的所有英格兰人的十分之一。同时，因为在这两个民族之间，实行了移民和有比例的混居，结果在爱尔兰，爱尔兰人只有全部人口的十分之一，而在英格兰，爱尔兰人也只占那么大的比例，因此，这就造成这个民族之间达不到理所当然同时又十分牢固的团结。这么一来，即使要付出爱尔兰王国的所有租金的四分之一的代价，也必须维持驻在爱尔兰的军队。

征收方法不公平而且不方便

第四个障碍是，英国的各种捐税，不是对消费进行征课，而是对全部财产进行征课，同时，也不是对土地、资本及劳动课税，而主要是对土地课税。而且，这些税收并不是依据一种公平而无所偏袒的标准来征课的，而是由听凭某些政党或是派系的一时掌权来决定的。不仅如此，这些赋税的征收手续既不简便，费用也不节省，它是包给捐税承包人征收的，而捐税承包人又不确切知道怎样做才算合理，就把收税的权利层层转包下去，以致到

了最后，贫民所被征课的金额，竟达到国王实际拿到的二倍。

州、主教区、教区以及议员名额上面存在着不公平现象

第五个障碍是，在各州、主教区、教区、神职人员的待遇和其他管区以及人民在议会中的代表名额上面存在着不公平现象。这些不公平现象正像把造得参差不齐的车轮偏安在车轴上面一样，妨碍了当局推行正常的活动。也就是说，这种情况使当局不能像装得适中、保持不偏不倚的车轮那样，顺利地进行工作和切实地执行任务。

第六点是，决定战争的权力和筹集经费的权力不归一个人掌握，是不是构成一种妨碍的问题，值得详细讨论。不过，我想这个问题，还是让给更适宜于讨论根本法的人们去研究吧。

在上述各种障碍中，没有一种是天然的。这些障碍的产生，是由形势发生变化引起的。这和建筑物所以显得参差不齐，系由于某一部分是某一个时代所建，另一部分又是另一个时代所建所使然的情况，正复相同。我们现在感到不满意的那些措施，在他们刚刚制定的时候，可能是十分完善的。但是由于时间的推移情况发生了变化，使得它变成不合时宜的东西。

由于上述各种障碍，都只是暂时的，所以它们也是能够消除的。因为，土地过剩地区的土地不是可以出卖，居民不是可以和他们的动产一起迁到别的地方去吗？在美洲殖民地栽种烟草、甜糖作物等各种农产品的英国人，难道不可以在计算好耕作所需的土地之后，再按这个比例建造在质量两方面都合乎要求的

住宅吗？至于新英格兰人民，我只是希望他们迁移到旧英格兰或爱尔兰去(这个希望是根据他们自己在最近20年中所提出的方案[①]提出的)。不过，在那个时候，应该允许他们有信教自由，而且这种自由，比他们现在彼此互相承认的信仰自由，要更进一步。

难道不可以把这三个王国合并成为一个国家，并各派名额相当的代表出席议会吗？难道不可以让国王的各族臣民互不歧视地混居在一个地方吗？难道不可以把教区及其他管区重新调整加以平衡吗？难道不可以对司法权及人民要求权力的权利加以切实保障吗？难道不可以公平地摊派各种捐税，并把它们直接用于最根本的用途吗？难道不可以对宗教上的异端分子加以宽容吗？他们也缴纳税款，供养一批军队以维持公共安宁啊！我敢指出，上述一切事项，如果当权者认为适当，是可以实行的，因为，相同的事情，在各个地方，各个时代，都曾经时常实行过。

① 这个提案，如果追问它的根源，大概是克伦威尔在1650年提出的。1650年10月30日，有几个人对他答复说：如果他们的条件得到满足的话，接受所提议的迁移方案。见艾里斯(Ellis)：《英国史原文诠释》第2集，第3卷，第360—364页。但是，马萨诸塞州普通法院在第二年正式答复说，对这一提案表示感谢，但是予以驳回。参看赫金生(Hutchinson)：《马萨诸塞州史》第1卷，第2版，第450—452、175—176页；巴里(Barry)：《殖民地时期的马萨诸塞州史》第1卷，第343页。——赫尔

第六章

英国的权力和财富，在最近40年中有所增长。

在大约40年中，许多地方为英国所吞并，同时得到很大改良

对于国王领土的增加，几乎没有怀疑的余地。因为，新英格兰、弗吉尼亚、巴贝多斯、牙买加、丹吉尔以及孟买，都是在最近40年中或是并入陛下的领土之内，或是经过改良，由荒芜不毛之地变成人口众多、建筑物林立、船只密集、生产许多有用物品的地方。至于英格兰、苏格兰和爱尔兰的土地，同40年前比较，在量的方面也有了增加而没有减少。由于下述各方面的措施，如把沼泽地排干，对旱地进行灌溉，对森林和公地加以改良，把长满灌木的不毛之地，改善得可以种植蚕豆和三叶草，对各种果木和菜蔬进行改良，使它们得以增产，对一些河川进行疏浚，使它们能够通航等，我认为，这些土地目前所具有的条件和40年前相比，显然能够提供更多的粮食和物品。

第二，英格兰、苏格兰和爱尔兰的居民，虽然在最近40年中，由于瘟疫和战争之故，有大量死亡（大约死了30万人，这些

数字大过正常的死亡率),但是,据死亡统计表的考察者[①]指出,由于人口正常增加了1 000万人,而这1 000万人在200年中又增加了一倍[②],因此可以估计,在40年中(即上述时期的五分之一),人口大约[③]增加了上述总数的五分之一,也就是200万人。同时应该注意的是,把黑人(他们劳动量大,消费水平极低)运到美洲殖民地这件事,并不是不足取的。此外,新英格兰几乎完全没有不生育的妇女,她们大多数都有很多儿女,一般人又健康长寿,因此可以期待,这个地方(新英格兰)人口增加的数字将会和因爱尔兰最近的暴动而丧失的人口数字相抵。

伦敦房屋的价值增长了一倍

至于房屋,我估计,正如伦敦市各街道本身的情况所表明的,它的价值比40年前涨了一倍。其他地方的房屋也都有所增加。如在[④]新城、牙茅斯、诺威治、埃克塞特、朴次茅斯、考威斯以及爱尔兰的都柏林、金赛尔、伦敦德里及考勒兰等地,房屋也都有了增加,增加之多在比例上,远远超过我所知道的其他地方所发生的毁坏的情况。爱尔兰的房屋毁坏的情况最严重。总的说来,那里的房屋价值,现在比40年前上涨了,这一点,从现在

---

① S本原作“observater”,R本原作“observators”,后来都被改为“observator”。这一更动,对解决《爱尔兰死亡表的考察》的著者是谁(是格兰特呢,还是配第呢?或者是他们两人呢?)的争论,具有重要意义。配第对S本所作的亲笔订正,这是最后一次。——赫尔

② 这一论断,显系根据格兰特的《爱尔兰死亡表的考察》第7章作出的。——赫尔

③ 在R本中,由配第加添“大约”二字。——赫尔

④ 在R本中,加添了“布利斯托”。——赫尔

的房屋比当年更加美观、居民人数——如前段所述——大约增加了五分之一这些情况看来，是无可怀疑的。

船只由于以下原因大大增加了

船只的情况是这样：陛下的海军，现在比40年前即霸王号[①]建造以前，增加了2倍到3倍。出入新城市的船只，现在约有8万吨，在40年前却只有现在的四分之一[②]。因为，第一，伦敦市区扩大了一倍；第二，煤炭的消费量至少增加了一倍，因为在以前，和像现在室内烧煤取暖情况不同，室内几乎不烧煤，用煤炭烧炼的砖也不如近来多，泰晤士河两岸的村镇也和现在不同，一般都不烧煤。此外，从事经营非洲和美洲贸易的船只现在每年都在4万吨以上，而这项贸易在当时是微不足道的。以前进口的葡萄酒，也没有现在这样多。简言之，对进口和出口的商品所课征的关税，当时还不到现在价值的三分之一，这种情况说明，船只和贸易大体上都按照上述比例增加了。

贷款利息降低了将近一半

贷款的利息，在50年前每百镑为10镑，40年前降为8镑，现在则跌至6镑。但是，利息的降低却不是任何为这个目的而

① 即“海上霸王号”，当年英国最大的军舰，1637年10月下水。——译者

② 1615年，新城市的煤炭业，用于200只往来伦敦的平底帆船和200只往来英格兰的所有沿海城市的船只运煤，《贸易增长》，1615年伦敦版，第10页。到了1649年，煤炭业已经有了显著发展，因此，“一年的煤炭销售量，比40年前的7年的销售量还要多”，《地方志》，伦敦1649年版，第26页。——赫尔

制定的法律所造成的，现在只要有有力的担保，便能借到利息更低的贷款，因为利息的自然降低是由于货币增加的结果。

不仅如此，如果说出租的土地和房屋有了增加，贸易也有了增加的话，那么用于支付土地、房屋的租金和经营贸易的货币，也必定是增加了。

货币和公共收入都增加了

最后，大型马车、陈设用品和家具的数量以及华美程度自那时以来有没有增加的问题，我想让所有的观察家去考察，这里不谈。邮费是不用说的，它已经增加了20倍，这说明事务和接洽联系增加了。我还要补充指出，陛下的收入大约增加了2倍，因此，为支付和担负这一赋税所需要的手段也增加了。

第七章

以英国国王的臣民全部开支的十分之一，——如果这一部分能经常征收到手的话，——足可维持一万[1]名步兵、四万[2]名骑兵和四万名水兵，以及支付政府其他一切日常和临时的开支。

对英国每人平均开支的估计

为了弄清这一点，必须求出国王治领中每一个人开支的中数，即最高和最低之间的中数。我认为，这一中数恐怕不会少于每天收入约8便士的工人的开支。理由是这样的：一个这种男工的工资，不管饭的每周为4先令，管饭的为2先令，所以，他的膳食费每周为2先令，每年为5镑5先令；他的服装费，不可能低于乡下最贫穷的女仆[3]的工资，即每年30先令。此外，用在其他一切必需品的开支，每年也不能低于6先令。所以，全部开支是7镑。

这种说法大致不会传到每年生活费为7镑的人耳里，所以，也就不致发生这种人看到上述假定而感到惊奇的情况。但是，

---

① S本作“十万”。——赫尔。本书目次和正文都作10万。10万正确。——译者

② 本书目次作三万。——译者

③ S本作“男仆”，R本亦作“女仆”。——赫尔

如果这些人考虑到贫民及其子女的人数比富人多得多，他们就会了解，尽管某些富人的开支比一个工人多到 20 倍，上述工人的开支，仍然可以十分恰当地当作全体国民开支的标准。

假如每人的开支平均一年为 7 镑，国王臣民的人数为 1 000 万人。那么，全国开支的十分之一，就是 700 万镑了。但是有 500 万镑或者稍微多一点，就够于支付 10 万名步兵、4 万名骑兵和 4 万名水兵（包括冬夏两季在海上活动所需的费用在内）一年的薪饷（不过，事实上很少需要这么多款额）。同时，政府的日常开支，在太平无事的时期，每年从未达到 60 万镑。

在人民富裕的地方，收入多于支出，因此，支出的十分之一却不到收入的十分之一。但是，在极端危急的严重关头（所以需要这么大批军队就是为了应付这种情况发生），对人民说来，付出开支的十分之一，是不会感到艰难的，更不用说会感到痛苦了。因为，为了多负担开支的十分之一，人们只须少消费二十分之一，抑或多劳动二十分之一，或者每日额外劳动半小时就够了，这两种情况从日常经验看来，都是完全可以忍受的。在英格兰，食量不超过保持自己健康所需要的分量二十分之一的人是很少的。同时，不穿一码值 20 先令的衣服，而满足于穿一码值 19 先令的衣服，恐怕也不至于显得怎样寒伧。因为，居然能够认出这种差异的人，几乎是不存在的。

备忘：上述各点，是在这种前提下，即假定这 1 000 万人，人人都服从元首，并处于元首的权力统治之下这种前提下提出的。如果是另一种情况，那么，上面的估计就要改变。

第八章

在英国国王的臣民中间，存在着足够的游闲人手，他们每年可以比现在多赚200万镑的收入，并且存在着足可为实现这一目的所需要的现成的、合适的职业。

为了证明这一点，我们必须调查一下，当人民想劳动或者被迫必须劳动，而又有他们可以从事的职业的时候，他们能得到多少收入；计算方法是这样的：先从上述全部开支中扣除土地的租金和资本的利润（这租金和利润确切地说，是由克扣许多劳动来的），然后把他们的这笔收入同上述全部开支进行比较。由于本国的上述土地和资本的收益，约占全部开支的七分之三。所以，假如开支为7 000万镑，那么土地的租金、所有动产的利润以及贷款的利息等项，就大约是3 000万镑。因此，劳动的价值就是4 000万镑，平均每人4镑。

但是，应该注意到，全国人口①中约有四分之一为儿童，即不满7周岁的男孩和女孩，这些人几乎是不能从事劳动的。同样，还应该注意到，全部人口中还有十分之一，由于他们的财产、称号、官阶、职位及职业的缘故，被免除了我们现在所说的这种劳动，这些人的职务，就是（或者说应当是）支配、管理或指挥别

① S本作“全部人口”。——赫尔

人的劳动和活动。所以，在 1 000 万人中，(如果有劳动必要的话，)实际上能够从事劳动的人，大约只有 650 万人。其中，有的人每周可以赚 3 先令，有的人可以赚 5 先令，有的人可以赚 7 先令。换句话说，所有这些人，平均每周能赚 5 先令，一年最少能赚 10 镑(疾病及其他事故估计在内)。因此，全部人口每年能赚 6 500 万镑，这就是说，他们的收入比支出多了 2 500 万镑。

据《英国现状》一书的作者估计，诺威治市 6 岁到 16 岁的儿童，除去自己的消费之外，每年能赚 1 200 镑[①]。[②] 但是，根据炉税的统计看来，诺威治的人口占全部英格兰人口的三百分之一，约占国王在全世界各地的全体臣民的五百分之一。由此可见，陛下的 6 岁到 16 岁的臣民，除他们自己消费之外，每年可以多赚 500 万镑。

其次，满 16 岁以上的人民人数，为 6 岁到 16 岁的儿童人数的一倍，而且成年人比儿童会多赚一倍，所以，如果各地的成年人和儿童都像诺威治的成年人和儿童那样从事劳动，那么，他们除了自己消费之外，每年还可以赚 3 500 万镑。这个估计是根据事实和经验作出的，同前面的估计相符合。

尽管已经证明英国人民很富裕，同时，他们有可能一年赚到 2 500 万镑的盈余，但是，现在的情况显然并非如此，他们连比这个数目还少 200 万镑的 2 300 万镑也赚不到。假如他们能够盈

---

① 应为 1.2 万镑。见本页注②。——译者

② 张伯伦著《英国现状》第二部分(1671 年版，第 150—151 页)写道："据最近几年估计和发现，诺威治市 6 岁到 10 岁(不是 16 岁。——赫尔)的儿童，主要靠编织美观的短袜，每年除去自己消费还可以赚到 1.2 万镑。"——赫尔

余 2 300 万镑，那么在 5 年或 6 年之内，国家的全部资产和动产就会增加一倍，我当然希望这能成为事实，但是我却找不到理由可以使人相信这一点。由此可见，尽管他们有可能得到盈余 2 500 万镑，但实际上连 2 300 万镑的盈余也没有得到，不，不用说 2 300 万镑，就是 2 000 万镑，或 1 000 万镑，甚至 500 万镑也赚不到。因此，我的上述提案也就得到了证明，这就是：在国王的臣民中间，存在着足够的游闲人手，他们能比现在多赚 200 万镑的收入。

不过，我还想稍为详细一点地谈谈这个问题：值得注意的是，自伦敦大火以来，4 年中，工人（只是同建筑业有关系的）赚了 400 万镑，也就是每年赚了 100 万镑。同时，其他的作业、劳动和工业生产并没有比大火以前的 4 年有所减少。如果所谈的工人只是同建筑业有关并且只有他们这些人在伦敦和它的近郊劳动，同时他们能在临时性的工作中赚到 100 万镑，那么，从这个事实以及上述的情况看来，我认为，如果动用其余全部的游闲人手，那也可以比上述数目多赚一倍，也就是可以赚到的收入和前面所提出的数目相等。

尽管存在着有能力挣到无数万镑金钱的游闲人手，但是如果这些人找不到工作，那么，他们也就不会起什么作用。他们如果只是从事没有目的的劳动，那就不如去游玩行乐或沉湎于高谈阔论。所以，更重要的事情就是证明这一点：现在有可赚到 200 万镑收入的工作可做，但是目前这种工作却被国王的臣民们忽略了。

为了证明以上的看法，只消计算一下下述各项数字就够了。

这就是，第一，英国国王的臣民付给外国人多少钱作为船只的运费？第二，荷兰人在我国领海捕鱼，一共挣了多少钱？第三，从国外进口并在本国消费的那些商品(这些商品，经过努力是可以在国内生产或制造的)一共值多少钱？为了简单地解决这个问题，我曾经缜密考察了有关这些项目的十分真实的估计，经过这项考察，我敢断言，这笔钱超过500万镑。可是我在上述提案中只提出200万镑。

为了进一步证明这个问题，可以参看福特雷在他所著的具有创见的《贸易论》一书中所列举的细目①。根据这一细目，单是从法国进口的货物，每年就达260万镑。因此我敢断言，葡萄酒、纸张、软木、树脂、续随子及英格兰所不能生产的其他少数商品，价值不到上述金额的五分之一。由此可以得出结论(如果福特雷的统计不错的话)：这里提到的200万镑，单从法国一国就可以收回，因此，从前述三个国家中，一共可以收回五六百万镑之多。

① 参看本书第76页注②。——赫尔

第九章

我国拥有经营本国产业的足够资金。

自从陛下荣幸地实行王权复辟时起，人们即认为，应该把篡夺时期①所铸造的货币收回改铸。根据国库出纳人员一致的看法，上述货币（由于不断流通，已经完全同旧币混同起来了）约占全部货币的七分之一，假如把它收回的话，可能达到80万镑，因此，全部货币应是560万镑②。由此看来，（如果把贮藏的货币也估计在内，）当时英国所有的现金大约为600万镑，这个数额，我认为足够经营英国的产业。同时，我深信不疑：陛下的其他领土，也都有足够的资金来经营各自的产业。

如果英国有人口600万，每人每年消费7镑，那么，全部开支就是4 200万镑，抑或每周大约花费80万镑③。这样一来，假

---

① 指克伦威尔共和政府时期。——译者

② 在R本中，加添了“或为550万镑”。——赫尔

③ 见《赋税论》第56页（中译本第58页。——译者），在该处配第把英格兰人的开支总额估计为5 000万镑。此外，对照一下下列一书：约翰·塞勒（John Seller）：《经过详细调查后作出的法案实施地区的食品费用的适度计算》。1691年伦敦版。塞勒估计每人平均开支为27.1749镑。——赫尔。配第在《献给英明人士》一书中，估计英格兰人的开支总额为4 000万镑，比这里少1 000万镑。见该书第一章，中译本第100页。——译者

如所有的人都是按周支付他的开支，同时货币每周循环一次的话，那就用不到100万镑，就可以满足需要。但是由于英国土地的租金（它每年缴纳半数）每年为800万镑，因此，为了缴纳地租，需要有400万镑货币。同时，英国房屋租金一年共计约为400万镑，它一年分4次交付，所以，交付这笔租金，只需要100万镑货币。这样，有600万镑货币，就足可促使上述三种循环顺利进行。所以，我认为，至少在更有力的相反论点提出以前，我的上述提案是可行的，这已经得到了充分证明。

第十章

英国国王的臣民有充裕而方便的资本经营整个商业世界的贸易。

我们在前面已经说过，英国拥有充裕的资金，可以采取进一步鼓励产业发展的措施；因此，我想在这里研究一个问题，这就是英国是否拥有充裕而方便的资本以经营整个商业世界的贸易。为了明了这一点，我们必须记住，上述世界的每一个地方每年输出的所有商品，只要有 4 500 万镑资金，就能买到。同时，在同一世界所使用的船只价值也不超过 1 500 万镑；所以只要有 6 000 万镑，就可以经营上述的全部贸易，而丝毫用不着依靠信用。可是，由于商品的生产者，在一般情况下，总是把只值其一部分价值的商品和自卖的时候可能要赔本的商品——但他们出卖这些商品目的却在于赚钱——委托给可靠的商人或批发商负责贩卖。因此，不到 6 000 万镑的资金，甚至不到它的半数，也就足可经营上述的贸易。因为，众所周知，有声望的商人，即使他的资产只有 500 镑，也会被委托以价值超过1 000 镑的商品。所以，用不到 3 000 万镑的资金，亦足可达到上述的目的。而在这 3 000 万镑中，已经投在经营中的铸币、船只和资金，至少要占一半。

上面说过,银行怎样通过它的措施,使任何一笔投在营业中的资金,变成实际上差不多等于比原额多一倍的资金。由上述各点看来,就是在目前,似乎亦并不太缺乏资金,以实行上述提案。然而,假如资金短缺的话,假定资金缺少2 000万镑或更多一些,恐怕也不能断定不会出现下述的情况。这种情况就是,由于大多数地主和一些贵族使自己年纪较轻的儿子从事商业,因此,商人人数增加了,商业规模扩大了,结果所需的资本也就增加了。这种发展是合乎逻辑的。事实上,这笔资本只需将价值2 000万镑的土地,即不超过英国全部领土六分之一或七分之一的土地押给银行,就可以筹集到手。换句话说,只需创造一笔2 000万镑的基金对这里所谈的世界贸易所买卖的货物作担保,就可以了。

以上说明了,英格兰在国内拥有的土地同荷兰和西兰二邦所有的土地面积相等,它也像这两个联邦一样,拥有便于经营产业的其他大量土地;同时,英格兰还存在着能比现在多赚数百万镑的游闲人手,而且还有能提供数百万镑收入的职业(即使它们纯粹来自英格兰本国的消费)。由这一点和上一节就增加货币和土地两方面的资财所论述的各点看来,那就可以得出这样的结论:对英国国王的臣民说来,掌握整个商业界的世界贸易,不但不是不可能的,而且是完全可以做到的事情。

同时,现在提出这个问题,并不算不合时宜。因为,英国上等家庭中年纪较轻的子弟,要过和他们的家庭出身和所受的教养相适应的生活,除了经营商业之外,恐怕没有其他办法。理由是这样的:如果英国的土地每年提供800万镑的收入,而英国大约有 1 万户家庭，平均计算每户家庭每年可得到 800 镑左右的收入。我们姑且假定每户家庭有年纪较轻的子弟一人，这些哥儿们如果每年收入达不到 200 镑或者 300 镑，就不能在本族亲属和亲戚朋友面前保持体面。可是，我认为，即使将法院的官员、我国海陆军正规军的指挥官、教会的高级职员、律师和医生所得到的日常收入，以及贵族和主教以下的各项职位的收入统统合起来，也只能为上述 1 万个年纪较轻的子弟中的 3 000 人提供每年达 300 多镑的生活费，因此其余 7 000 人只有靠经营商业来取得其维持生活所需的费用。然而，假如这 7 000 个绅士虽然从事了商业，却又不努力使它发展，或者换一种说法，我们虽然抱着发展商业的希望，却又不想法使资本增加，而认为只有把相当面积的土地和相当数额的金钱押入和存入银行，才能使资本增加，那么，我们就必然要失望。这里应该注意的是：把土地卖给外国人换成金银，是会使这个王国的资本增加的；但如果本国人之间相互进行这种买卖，就不会有任何效果。因为把自己所有的土地变卖成货币的人，可能想经营商业，然而，用货币购买土地的人的想法，却恰恰相反。可是，如果把土地卖给外国人的话，那不论金钱和人口都会增加，结果商业也会发展起来。因此，可以这样认为：如果制定了拒绝外国人购买土地、不缴纳高额关税就不准外国人进行贸易的法律，那么，公共事业和国家的利益就要和现在大不相同了。

在阐述了上述 10 点主要结论之后，我还可以无止境地继续讨论其他问题。不过，在我看来，上面的论述已经充分地阐明了我所说的政治算术是什么；已经充分阐明了了解人口、土地、资

本、产业以及其他东西的真实情况的效用是什么；已经充分阐明了

2.[①]国王臣民的情况，并不像心怀不满的先生们所形容的那么坏；已经充分阐明了 3.团结一致、勤勉和服从，不论对公共安全和每个人的幸福都有巨大的效果。[②]

① 在原本中，在这“2”前面一段没有“1”字。——译者

② 在R本中，在这下面由配第加添了“除此我别无”这样不完全的句子，并且删去了最后一个字。参阅《爱尔兰的政治解剖》一书的作者序言的结尾，该书第130页。——赫尔。在该处配第说，“此外我没有其他目的”。这句话与“除此我别无”一句类似，参阅该书中译本第5页。这里赫尔所指的第130页，应为他所编的《配第文集》第130页。——译者

后　　记

陈白湜

十分感谢商务印书馆决定重版父亲陈昭鉅(笔名陈冬野)35 年前的译著《政治算术》。借此机会我可以回顾一下父亲的一生,并让喜欢此作品的读者对他有所了解。

父亲于 1917 年出生于福建省福州市,祖父是当时经营木材生意的民族资本家。父亲七岁那年意外摔成骨折,由于庸医的不当治疗,尽管花了很多的钱财,父亲还是落下了终身腿疾。父亲是在病床上完成他的小学学业的。当时福州的一个英国老师到家授课,为父亲打下了坚实的英文基础。此后父亲就读于日本经济专科学院,后来毕业于中山大学。虽然腿残伴随了父亲的一生,可他热爱运动,并以他坚强、乐观的精神学会了游泳、骑马、骑自行车。

30 年代初期父亲随家人旅居日本。在那里完成中学学业后,在当时革命青年的影响下,父亲放弃了学医的打算,而选择了能够改变国家命运的经济学。那时在日本汇聚了一大批革命志士,他们不但刻苦学习,还时常聚会商议国家大事。父亲也经常活动在他们之中,并从经济上资助不少人。这些人中后来有不少人解放后身居要职。1937 年抗战全面爆发,父亲一家拒绝了日本政府提出的留下当日本人的要求。按当时家里的经济情况，他可以选择欧美国家安静地生活下来，但是他却毅然决然地选择回到苦难深重的祖国，并准备为挽救祖国献上自己一份微薄之力。

从日本回国后一家人几经周折，最后定居在抗日大后方昆明。在昆明的十年，父亲完成了学业上的冲刺，并在25岁时成为了一名年轻的教授。父亲积极参加抗日活动。他向往民主、自由，向往有一个民主、自由、富强的中国，并要为之而奋斗。为此他两次放弃了已办成的赴美签证，选择了奔赴当时的革命圣地延安。但在重庆，由于国民党的封锁，父亲终究未能成行。辗转之后又回到了昆明，当时的党组织要求父亲以一个民主人士的身份做革命工作。在那风云变幻动荡的岁月里，历史的车轮将中国民主同盟，将有志于民族振兴的贤良才俊推上了风口浪尖。他们在改变中国命运的同时，也改变了自己的人生轨迹。他们为国家富强、民族振兴和民主政治的进步做出了自己的贡献。父亲正是中国民盟组织中一个积极的成员。他以自己的热情与真诚全身心地投入到抗日救国活动。

抗战胜利后1948年全家回到了阔别多年的家乡福州。1949年8月18日是父亲一辈子不能忘怀的一天。这天解放军大部队进城，福州解放了。父亲激动万分迈着他不方便的腿给解放军送水，送粮，送水果，并饱含热泪地对家人说："从此之后我们中国人不会再受人欺辱了，我们的后代可以过上幸福、自由、民主的生活了。"

解放后与父亲经历类似的朋友基本上都当上了各种单位的

负责人。但父亲自知他不宜从政，以他的性格，他选择了最适合自己的职业——教书。从福建师范学院、厦门大学、首都师范大学，直至1997年去世，他一直是一个默默无闻的教授。但他对国家大事的关心始终不变。在那不平凡的“文革”时代他也被抄家，劳改，反复多次的核查，他多年的书稿及藏书被烧毁。但最后也因为他的“顽固不化”“拒不认错”而不了了之。虽然对诸事无法理解，但父亲从不阿谀奉承，从不说违心的话，做违心的事。他始终活得实实在在，活得清清白白。父亲三兄弟都在各自的党派中为国家做了一些工作，各自也有不同的遭遇。阔别40多年后于1990年在香港见面，他们首先谈论的还是国家大事，最后一致认为不管个人的命运如何，只要国家好就可以了。

父亲于1997年9月12日因患癌症去世。可以告慰父亲在天之灵的是：您一辈子追求的理想正在实现，我们的祖国正日益强大，现在已是世界第二大经济体。随着时间的推移，一个不可战胜的中国终将屹立在世界之林。看着这一切，我想父亲可以含笑九泉了。

写于2013年10月28日，北京

图书在版编目(CIP)数据

政治算术/(英)配第著;陈冬野译. —北京:商务印书馆,2014(2022.7 重印)
(经济学名著译丛)
ISBN 978-7-100-09089-6

Ⅰ. ①政… Ⅱ. ①配… ②陈… Ⅲ. ①政治算术学派 Ⅳ. ①C8 ②F091.33

中国版本图书馆 CIP 数据核字(2014)第 073153 号

经济学名著译丛
政治算术
〔英〕威廉·配第 著
陈冬野 译

商 务 印 书 馆 出 版
(北京王府井大街 36 号 邮政编码 100710)
商 务 印 书 馆 发 行
北京虎彩文化传播有限公司印刷
ISBN 978-7-100-09089-6

2014 年 6 月第 1 版 开本 850×1168 1/32
2022 年 7 月北京第 2 次印刷 印张 3¾
定价:28.00 元